W0207709

GUÍAS CON ENCANTO

CASAS RURALES

con Encanto®

ESPAÑA

EL PAIS
AGUILAR

Este libro es fruto de la labor de un grupo de profesionales que han investigado la situación del alojamiento en las casas rurales de España.
El trabajo ha sido realizado por la Fundación de la Caja de Ahorros de La Rioja. La docunentación la ha recopilado María Azofra Sierra y la coordinación se debe a Julio Grande Ibarra

© Ediciones El País S.A./Santillana S.A.
Juan Bravo, 38. 28006 Madrid.
Tel. 322 47 00. Fax 322 47 71

ISBN 84-03-59408-9
Depósito legal: M-14.360-1.996
Printed in Spain/Impreso en España por Orimu S.A.

Diseño: Estudio de comunicación/Omar Fiaño
Mapas: Javier Belloso
Maquetación: Miguel Ángel Pascual

Todos los derechos reservados. Esta publicación no puede ser reproducida ni en todo ni en parte, ni registrada en o transmitida por un sistema de recuperación de información, en ninguna forma ni por ningún medio, sea mecánico, fotoquímico, electrónico, magnético, electroóptico, por fotocopias o por cualquier otro, sin permiso previo por escrito de la editorial.

Contenidos

El importante auge experimentado por el turismo rural en los últimos años nos ha llevado a publicar no solamente la guía anual *Alojamiento en Casas Rurales de España* (en cuya edición de 1996 se recoge información sobre más de 2.000 casas), sino también este libro de *Casas Rurales con Encanto* que recoge una selección de las mejores viviendas rurales existentes en nuestro país.

Si el cliente habitual de este tipo de turismo es el habitante del medio urbano, los valores de contacto con la naturaleza, la arquitectura tradicional, el paisaje de interés, el mobiliario antiguo y la relación con agricultores y ganaderos son los que priman y valoran esa manera diferente de pasar unos días de ocio.

A la hora de seleccionar las 192 *casas con encanto,* se han tenido en cuenta diversas características. En unos casos se ha valorado el paisaje, en otros la edificación, la actividad de sus propietarios o hasta su manera de vida.

En definitiva, es la suma de muchos criterios subjetivos, después de visitar la casa, conversar con sus dueños, pasear por el entorno y conocer al artesano cercano o recorrer el espacio natural protegido próximo, lo que nos ha llevado a emitir un calificativo de *encanto* para sólo un diez por ciento del total de los alojamientos rurales existentes en España.

Ésta es la primera propuesta. El espíritu de esta publicación es el de ir creciendo en posteriores ediciones, en la medida en que se vayan incorporando más casas al panorama rural español.

Localidad

Provincia

NAVARRA/NAFARROA

Errazu/Erratzu

Nombre de la casa y dirección

Casa Etxebeltzea
Tel.: (948) 45 31 57
31714 Errazu, Nafarroa
Habitaciones: 3 dobles

Precios: habitación doble 6.000 Pta., desayuno 400 Pta.
Propietaria: Carmen Iturralde

Precios

Nombre del propietario

Número de habitaciones

Fotografía de la casa

Edificio construido en 1375 y situado en el centro del pueblo frente a la iglesia de San Pedro Apóstol, cerca de la unión de los ríos Arane y Baztán.

Delante del porche de la casa hay un jardín arbolado que corresponde a lo que antaño fue la era de trillar los cereales. La construcción sigue la tipología baztanesa pero dentro del conjunto urbano.

La primera planta dispone de un gran salón y tres habitaciones dobles con baño y calefacción. Destacan en la casa los muebles de maderas nobles y de clara tradición francesa. La vivienda tiene una interesante biblioteca de temas vascos, especialmente dedicados a los aficionados al estudio de las culturas autóctonas.

Desde Errazu se pueden planear excursiones al pico más alto de la zona: el Autza, de 1.306 metros, desde donde se observa una magnífica vista del Baztán y de la comarca francesa de Alduides.

Los ríos tienen especial importancia en esta verde zona; es muy interesante la cascada de Sorrosin, lugar en donde nace el río Baztán.

Perduran una gran variedad de monumentos megalíticos en los alrededores. Se puede montar en bicicleta y hacer recorridos a caballo. La oferta gastronómica de la comarca es muy importante, destacando las carnes y los quesos.

155

Comentario

MAPA DE LOCALIZACIÓN

VIZCAYA/BIZKAIA

1 Carranza/Karrantza
2 Cortezubi/Kortezubi
3 Gauteguiz de Arteaga
Gautegi Arteaga
4 Achondo/Atxondo
5 Munitibar

GUIPÚZCOA/GIPUZKOA

6 Motrico/Mutriku
7 Itziar Lastur
8 Régil/Errezil
9 Alkiza
10 Aia
11 Berastegui/Berastegi
12 Orio
13 San Sebastián/Donostia
14 Rentería
15 Fuenterrabía/Hondarribia

ÁLAVA/ARABA

16 Apricano
17 Salinillas de Buradón
18 Sarria
19 Laguardia
20 Maturana

LA RIOJA

21 El Rasillo
22 San Román de Cameros

NAVARRA/NAFARROA

23 Arive/Aribe
24 Muez
25 Aldaz/Aldatz
26 Lizaso
27 Echalar/Etxalar
28 Narvarte
29 Aniz
30 Oyeregui/Oieregi
31 Elizondo
32 Urdazubi/Urdax
33 Arizcun/Arizkun
34 Cilveti/Zilveti
35 Ujué
36 Errazu/Erratzu
37 Valcarlos/Luzaide-Valcarlos
38 Orbaiceta
39 Izal
40 Ochagavía
41 Roncal

HUESCA

42 Torla
43 Fiscal
44 Almazorre
45 Ligüerre de Ara
46 Boltaña
47 Sieste
48 La Torrecilla
49 Labuerda
50 Ainsa
51 Coscujuela de Sobrarbe
52 El Pueyo de Araguas
53 Tierrantona
54 Graus
55 Gistaín
56 Senz
57 Navarri
58 Roda de Isabena
59 Campo
60 Sahún
61 Espes Bajo
62 Benasque
63 Molins de Betesa
64 Ardanué
65 Bonansa

TERUEL

66 Cantavieja

LÉRIDA/LLEIDA

67 Montsonís
68 Coll de Nargó
69 Calvinyá

BARCELONA

70 Castelltallat
71 Fonollosa
72 Castellví de la Marca
73 Sant Pere de Rives
74 Castellar de Riu
75 Tagamanent

GERONA/GIRONA

76 Arbucies
77 Argelaguer
78 Beuda
79 La Mota
80 Llampaies

TARRAGONA

81 Vimbodi

MALLORCA

82 Puigpunyent
83 Valldemossa
84 Orient
85 Alaró
86 Santa Eugenia
87 Inca
88 Llucmajor
89 Caimari
90 Alcudia
91 Montuïri
92 Campos
93 Felanitx
94 Manacor

MAPA DE LOCALIZACIÓN

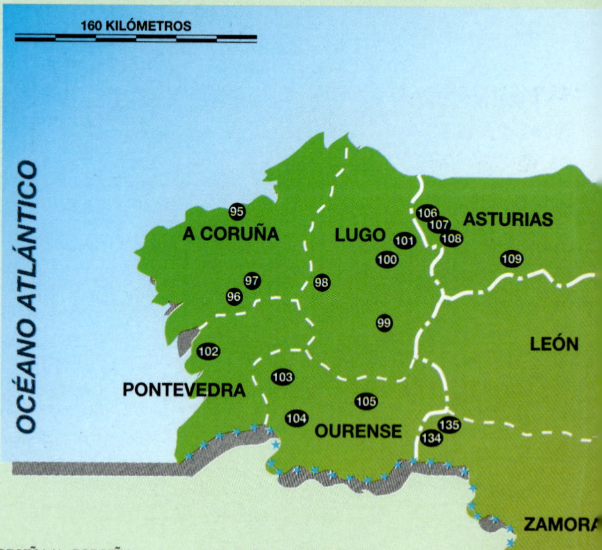

LA CORUÑA/A CORUÑA

95 Sisamo-Carballo
96 Cornide-Calo Teo
97 Santiago de Compostela

LUGO

98 Ferreira-Palas de Rei
99 O Inicio
100 Vilabade
101 Meira

PONTEVEDRA

102 Meis

ORENSE/OURENSE

103 Lugar de Mein-San Clodio, Leiro
104 Sampaio-Celanova
105 Drados-Chandrexa de Queixa

ASTURIAS

106 San Tirso de Abres
107 Santa Eulalia de Oscos
108 San Martín de Oscos
109 Villar de Vildas
110 Argüero-Villaviciosa
111 Sorribas-Sevares
112 Llanes

CANTABRIA

113 Muñorrodero-Val de San Vicente
114 Camijanes-Herrerías
115 Lombraña-Polaciones
116 El Barcenal-San Vicente de la Barquera
117 Ucieda de Arriba-Ruente
118 La Punvieja-Los Tojos
129 Bárcena Mayor-Los Tojos

LEÓN

120 Santa Marina de Valdeón

PALENCIA

121 Barajores de la Peña
122 Castrejón de la Peña
123 Cervera de Pisuerga
124 Arbejal
125 San Salvador de Cantamuda
126 Brañosera
127 Salinas del Pisuerga
128 Ligüerzana
129 Valoria de Aguilar
130 Olleros de Paredes Rubias

BURGOS

131 Pradilla de Hoz de Arreba
132 Báscones de Zamanzas
133 Santocildes

ZAMORA

134 Rozas de Sanabria
135 Limianos de Sanabria

SALAMANCA

136 San Martín del Castañar
137 Cepeda
138 Villanueva del Conde
139 Miranda del Castañ
140 Candelario

ÁVILA

141 Navaluenga

SEGOVIA

142 Prádena de la Sierra

CUENCA

143 Huete
144 Cañaveruelas
145 Caracenilla

CIUDAD REAL

146 Calzada de Calatrav

MAPA DE LOCALIZACIÓN

CÁCERES
147 Navaconcejo
148 Pago de San Clemente

HUELVA
149 Castaño del Robledo
150 Fuenteheridos

SEVILLA
151 Carmona
152 Cazalla de la Sierra
153 Guadalcanal
154 Constantina

CÓRDOBA
155 Carcabuey

JAÉN
156 Jimena
157 Cazorla

CÁDIZ
158 Arcos de la Frontera
159 Los Barrios

MÁLAGA
160 Coín
161 Alora
162 Periana

GRANADA
163 Loja
164 Belerda del Guadix
165 La Tahá-Pitres
166 Galera
167 Orce

ALMERÍA
168 Lucainena de las Torres
169 Turre

LA PALMA
170 Puntagorda
171 Tijarafe
172 Fuencaliente
173 Villa de Mazo
174 Puntallana

EL HIERRO
175 San Andrés

LA GOMERA
176 San Sebastián
de La Gomera

TENERIFE
177 Arafo
178 Tacoronte

GRAN CANARIA
179 Vega de San Mateo

MAPA DE LOCALIZACIÓN

Apricano

Casa Maribel
Tel.: (945) 36 28 18
01439 Apricano, Araba
Habitaciones: 5 dobles

Precios: habitación doble 4.500 Pta., desayuno 375 Pta., comida 1.800 Pta., cena 1.600 Pta.
Propietaria: Mª Isabel Sáenz

Apricano es un pueblecito muy pequeño entre dos sierras, la de Arcamo y la de Badaya, unidos por el desfiladero de Techa.

Se trata de un interesante caserío situado frente al puente que atraviesa el río Baias y da acceso al Camino Real que se dirige hacia Orduña. La casa, con un toque personal en actividades y decoración, es de gran belleza. Se trata de un edificio de piedra que data del año 1500. Todas las habitaciones cuentan con baño y calefacción. Dispone, además, de sala de estar con TV, juegos de mesa y una pequeña biblioteca. En su jardín pasean las ocas y se puede practicar el minigolf; pero sobre todo, se pueden aprender recetas al lado de Maribel, que aprovecha todos los recursos que el medio natural le ofrece. También posee un jardín botánico del que Maribel se surte para obtener infusiones y licores varios: ortiga, menta, romero, escaramujo, canela y endrinas. Es destacable la cocina familiar que, amablemente, ofrece a sus huéspedes, así como los productos que elabora, sobre todo el gran surtido de licores naturales.

Las excursiones a lo largo del río, por el paso de Subijana o hacia Orduña, son interesantes, sin olvidar los recorridos por la comarca de Koartango.

Laguardia

Erletxe
Tel.: (941) 12 10 15
Rúa Mayor de Peralta, 24-26
01300 Laguardia,
Araba
Habitaciones: 5 dobles (3 con baño incorporado y 2 con uno compartido)
Precios: habitación con baño 5.000 Pta., con baño compartido 4.250 Pta., desayuno 350 Pta.
Propietaria: Mª Arrate Aguirre

La casa se construyó adosada a la muralla y un patio interior da acceso a la vivienda y alojamiento, de dos plantas con ascensor. La planta baja tiene salón-comedor, donde se respira un agradable olor a la miel que elabora con mimo Arrate, y que mezcla con las sabrosas nueces de su finca.

Desde las habitaciones se contempla La Rioja y sus sierras, con una panorámica bellísima. Laguardia, villa defendida por murallas, tiene una gran tradición vinatera; sus grandes bodegas están instaladas en los alrededores y merecen una visita. Además es destacable la riqueza arqueológica que posee la zona, desde el yacimiento de La Hoya, hasta los numerosos dólmenes. Las cercanas sierras de Palomares y Herrera permiten el senderismo y la escalada. Destaca por su belleza el camino que las atraviesa hacia Lagrán.

El grato ambiente de la casa, que dispone de salón-comedor, ascensor y calefacción, le concede un evidente encanto. Es importante destacar el hecho de que sus propietarios facilitan el trato a los visitantes foráneos ya que hablan francés e inglés, amén del euskera, su lengua materna.

Maturana

Sagasti Zahar
Tel.: (945) 31 71 58
01206 Maturana, Araba
Habitaciones: 3 dobles con baño

Precios: habitación doble 4.000 Pta., desayuno 450 Pta., Cena 1.500 Pta.
Propietarios: Carlos Aragolaza y Celia Donnay

La respetuosa restauración del edificio responde al gusto de sus propietarios y a su profesión. Al entrar al portal se observan bellos muebles perfectamente restaurados por Carlos, que con su buen hacer de ebanista ha dado un toque personal a la casa, la cual dispone de jardín y calefacción central.

Celia prepara sus desayunos y elabora sus cenas con los productos locales. Al final, los licores de pacharán y frambuesa ayudan a crear un ambiente agradable al calor del fuego.

Los alrededores de este acogedor alojamiento son de gran interés. Los aficionados a la montaña podrán ascender al Aitgorri, de 1.528 metros, acompañados por Carlos, un excelente guía. Para los más tranquilos, el golf de Villarreal o el recorrido por el parque provincial de Garaio, donde podrá observarse un gran número de aves acuáticas. Los que mejor conocen la oferta son Celia y Carlos, que aconsejarán con criterio según la época o el clima, la visita al hayedo de Artximenetas, hacer una ruta cultural por los monumentos megalíticos o bien conocer el museo de la Cerámica Vasca.

Un último consejo: simplemente pasar la tarde en el salón con chimenea observando la colección de pintura alavesa, es una perfecta opción invernal.

Salinillas de Buradón

Aretaetxea
Tel.: (941) 33 72 75
(945) 27 47 57
01339 Salinillas de Buradón, Araba
Habitaciones: 3 dobles
Precios: 1 habitación con baño exterior 3.500 Pta., con media bañera 4.000 Pta., con baño 4.500 Pta., desayuno 400 Pta., comida-cena 1.700 Pta., pensión alimenticia 3.200 Pta.
Propietario: José Manuel Areta

El pueblo de Salinillas de Buradón tuvo una gran importancia defensiva, y de ello persiste un cinturón amurallado con dos puertas de acceso y la torre fortificada de los condes de Oñate.

Al lado de la puerta se sitúa este alojamiento que hace las veces de vivienda de sus propietarios, agricultores dedicados a las viñas y a la elaboración de vino.

El pueblo, con 85 habitantes, mantiene una atractiva atmósfera medieval con sus palacios blasonados y sus casas porticadas.

El alojamiento posee muebles tradicionales, salón-comedor con chimenea y calefacción, y las comidas se acompañan con el vino de la casa. Desde el lugar se accede por senderos a la sierra de Toloño, con una magnífica vista sobre La Rioja, que bien merece la pena ser contemplada.

Sarria

Gorbea Bide
Tel.: (945) 43 00 46/43 02 39
01139 Sarria, Araba
Habitaciones: 4 dobles con baño

Precios: habitación doble 3.500 Pta., desayuno 350 Pta., derecho a cocina 500 Pta. por persona.
Propietario: Mª Dolores Ugarte

Edificio completamente restaurado, en su planta baja tiene los servicios comunes y, en la primera, los dormitorios, con la vivienda de los propietarios anexa, los cuales se dedican a la agricultura en invernaderos. Un amplio jardín con barbacoa rodea la casa. Como indica el nombre de la misma, el monte Gorbea se encuentra cercano. Con sus 1.481 metros, se encuentra entre las mayores alturas de Bizkaia y Araba. En sus alrededores se extiende un parque natural —pendiente de declaración— de 21.000 hectáreas que contiene bosques de robles y hayas con abundante fauna mamífera. Son interesantes las cuevas de la comarca pues permiten a los montañeros disfrutar de senderos y atrevidas ascensiones. Existen muchas ermitas a las que se acude en romería en la época estival.

Desde la casa y hacia el sur, se puede visitar el santuario de Nuestra Señora de Oro. Hay una zona húmeda de turberas en Saldropo, con paneles explicativos para conocer la importancia de los humedales.

Lucainena de las Torres

Cortijo de María **Tel.:** (91) 345 49 87 04210 Lucainena de las Torres, Almería **Habitaciones:** 2 dobles y 2 individuales	**Precios:** día por persona 2.000-2.600 Pta., limpieza final 4.500 Pta. **Propietaria:** Marie Laurance Cerisier

Lucainena de las Torres es un pueblecito andaluz que a mediados de siglo vivía aún de la minería. Actualmente disfruta de un ambiente tranquilo, rodeado de naturaleza, donde se pueden encontrar, por sus calles estrechas, cabras o mulas cargadas con sacos de olivas y, a la entrada de las casas, un banco bajo un parral.

El cortijo tiene capacidad para siete personas, con dos terrazas, calefacción, tres chimeneas y un espacio abierto privado. Está enclavado en un paisaje pintoresco y posee vistas panorámicas de gran belleza. Admite animales y la estancia mínima son dos días, a excepción de las fechas de temporada alta que será de una semana.

A media hora del cortijo está el aeropuerto, la ciudad de Almería y las playas que permiten practicar los deportes náuticos. A 17 kilómetros se encuentra Níjar, donde se trabaja la cerámica al modo tradicional, las *jarapas* y las cestas de pleita. Sorbas, otro pueblo cercano, mantiene también tradiciones ancestrales, como la elaboración de productos de barro de gran originalidad.

Turre

El Nacimiento
Tel.: (950) 52 80 90
04639 Turre, Almería
Habitaciones: 4 dobles

Precios: día por persona y desayuno 1.900 Pta., cena 800 Pta.
Propietarios: Adolfo y María

Turre está enclavado en Sierra Cabrera, con una altitud máxima de 1.000 metros. El paisaje es diferente al resto de la provincia de Almería debido a la gran cantidad de agua existente y a su frondosa vegetación.

En una finca de 60 hectáreas se encuentra el cortijo, rehabilitado con una arquitectura interior muy especial y con arcos arabescos a la entrada. Los dueños viven en la casa y comparten dos salitas con chimenea y un comedor espacioso con muebles rústicos andaluces, en un ambiente familiar y acogedor. Es un cortijo de labor, con huerta ecológica y frutales que cultivan ellos mismos.

Los dueños ofrecen cenas y desayunos vegetarianos con sus productos. Además, Turre es un pequeño pueblo especializado en la gastronomía denominada *ajo colorao* —gurullos, potaje de higo...—, todo basado en la cocina tradicional y en los productos de la zona. En los alrededores de la casa se halla un campo de golf a 2 kilómetros, caballos y las playas de Mojácar, a menos de 20. Se puede visitar Sorbas, donde hay un *kar* de yeso, con 900 cuevas aproximadamente y el parque natural de cabo de Gata, a 60 kilómetros.

Andrín-Llanes

La Torre
Tel.: (98) 541 72 07
33596 Andrín-Llanes, Asturias
Habitaciones: 2 dobles y 1 individual

Precios: casa completa 8.000-9.000 Pta.
Propietario: Francisco José Blanco

A 5 kilómetros de Llanes, dirección a la localidad de Andrín, por la carretera Oviedo-Santander —CN 634—, se toma un desvío por la carretera comarcal tras recorrer 2 kilómetros hasta llegar a la casa.

La Torre está situada en una finca de más de 3.000 metros junto a otra casa con huerta y zona verde para los huéspedes, rodeada de fincas y de un camino vecinal. Es una antigua casería rehabilitada en piedra y madera con dos pisos y buhardilla, en los que se distribuyen dos habitaciones dobles, una individual, dos baños y salón-cocina con chimenea y calefacción. Enfrente de la casa se alza la sierra del Cuera.

En las proximidades existe un campo de golf que completa la oferta de actividades de ocio. Además, el visitante puede disfrutar de rutas a caballo desde Llanes. Destaca el mirador de La Boriza, entre los pueblos de Cue y Andrín, desde el que pueden admirarse dos de las playas más bellas del Concejo de Llanes: Boltaña y Andrín, distantes a poco más de 1 kilómetro de la casa.

Argüero-Villaviciosa

Casa Ana
Tel.: (98) 587 62 15
El Cabritón-Argüero
33314 Argüero-Villaviciosa,
Asturias

Habitaciones: 4 dobles
Precios: habitación doble 4.600 Pta., desayuno 400 Pta.
Propietaria: Ana Isabel Menéndez

El edificio se divide en dos partes: por un lado, la casa en la que viven los propietarios, y por otro, la parte dedicada a turismo rural, antigua cuadra y pajar rehabilitados. En la planta baja se halla una cocina, salón con chimenea, comedor y sala de juegos o lectura; en la planta alta, cuatro habitaciones dobles con baño. Disponen de calefacción. La finca abarca 14.000 metros cuadrados con jardín delante de la vivienda de turismo rural, de arquitectura tradicional asturiana, con piedra, madera y corredor en el exterior. El mobiliario es tradicional y sencillo. Los propietarios ofrecen desayunos y cenas elaborados con productos de la zona, y los huéspedes pueden utilizar la cocina de forma gratuita. Los dueños se dedican a la agricultura y a la ganadería.

En un radio de 20 kilómetros se puede montar a caballo. A 300 metros de la casa hay una escuela de cerámica y en Argüero se encuentra un aula de naturaleza. El paisaje es idóneo para practicar senderismo, como la ruta de Tazones a playa de Merón. Además se puede disfrutar de la cocina del concejo, influenciada por la ría y el mar, como las sopas de pescado y las *fabes* con almejas.

Argüero-Villaviciosa

La Quintana de Foncada
Tel.: (98) 587 63 65
33314 Argüero-Villaviciosa,
Asturias

Habitaciones: 6 dobles
Precios: habitación doble 4.700 Pta., desayuno 400 Pta.
Propietario: Severino García

El acceso a la casa es complicado por lo que es recomendable ponerse en contacto con los propietarios para recibir información precisa sobre cómo llegar a la vivienda.

Constituye un paisaje típico mariñano con altos acantilados. La ría de Villaviciosa se encuentra a 8 kilómetros de la casa. A la misma distancia se halla Tazones, pequeño pueblo costero.

La Quintana de Foncada es una casa antigua del siglo XVIII, de arquitectura popular costera asturiana, tipo mariñana, de piedra con corredor de madera. Consta de seis habitaciones dobles con baño y salón para los huéspedes, decoradas con muebles rústicos. Alrededor de la casa hay un jardín de 1.500 metros.

En la casa existe un taller de cerámica donde trabajan los propietarios y se pueden aprender diferentes técnicas. Dispone de bicicletas y se dedican a la cría y cuidado de asturcones, raza de caballos asturianos. Se puede practicar el senderismo, comer pescado y marisco en Tazones y comida típica en Argüero, visitar monumentos prerrománicos y románicos en el Concejo de Villaviciosa y contemplar el monasterio de Valdedios, a 15 kilómetros. Un aviso para los aficionados a la arqueología: en las proximidades se han encontrado restos de huellas de dinosaurios.

Cuanda-Llanes

La Montaña Mágica
Tel.: (98) 592 51 76
33508 Cuanda-El Allende, Asturias
Habitaciones: 5 dobles y 3 dúplex

Precios: habitación doble 6.200-7400 Pta., dúplex 10.000-14.000 Pta., desayuno 500 Pta., comida 1.400 Pta.
Propietario: Carlos Bueno

La Montaña Mágica está situada a 10 kilómetros de las mejores playas de Llanes —Niembro, Torimbia, Bano y Celorio—, muy cerca de los Picos de Europa y del parque nacional de Covadonga, a 23 kilómetros de Arenas de Cabrales y a 30 de Cangas de Onís. En un radio de 25 kilómetros se encuentra la mayor concentración de cuevas con pinturas rupestres y abrigos prehistóricos de Asturias: Tito Bustillo, El Pindal, El Buxn y Peña Tu.

Esta casería rural tradicional, rehabilitada con materiales nobles, dispone de ocho habitaciones dobles con baño, calefacción, TV, y dos de ellas con chimenea. Además cuenta con sala de estar con chimenea, biblioteca, juegos de salón, galería, comedor y dependencias de labor: hórreo y cuadras. En el mismo edificio viven los propietarios, dedicados a tareas agrícolas y ganaderas. En la finca tienen invernaderos con productos biológicos y crían caballos de raza asturcona.

El lugar ofrece la posibilidad de emprender rutas a caballo y alquilar bicicletas; existen seis itinerarios señalizados para practicar senderismo, e información sobre las diversas rutas y actividades de ocio. Los dueños sirven comidas y también venden productos de elaboración propia.

Ferreirelas de Arriba-Santa Eulalia de Oscos

Casa Talán
Tel.: (98) 562 12 12
33776 Ferreirelas-Santa Eulalia de Oscos, Asturias
Habitaciones: 5 dobles

Precios: habitación doble 3.500-4.500 Pta.
Propietario: Luis Martínez Álvarez

Con gran abundancia de vegetación autóctona, Santa Eulalia de Oscos se presenta con una tipografía montañosa pero sin grandes alturas, en la que la máxima se alza en Pousadoiro con 984 metros.

Casa Talán es un edificio rehabilitado del siglo XVII, típico de la zona, de piedra, pizarra y madera. En sus tiempos fue una casa hidalga de lombarderos, familia de relojeros. Actualmente viven los propietarios dedicados a la agricultura y a la ganadería. Alquilan cinco habitaciones con baño, salón-comedor, calefacción eléctrica y, en la explotación, jardín, capilla y fragua. El mobiliario utilizado en la decoración es antiguo. Tiene un gran interés la charla con los propietarios, que explican con gran cariño la historia del edificio.

Ofrecen desayunos y cenas con productos propios. Se pueden alquilar caballos a 1,5 kilómetros de la casa, practicar senderismo, visitar una herrería, comprar navajas y degustar embutidos, quesos y potajes.

Quintá-Santa Eulalia de Oscos

Casa Riveras
Tel.: (98) 562 12 56
(908) 47 07 36
33706 Quintá-Santa Eulalia
de Oscos, Asturias

Habitaciones: 1 doble en cada apartamento
Precios: casa completa 6.000-7.000 Pta.
Propietario: Antonio Riveras

Quintá es una pequeña aldea asturiana en Los Oscos, comarca oriental con verdes montañas, profundos valles y ríos, salpicada aún por actividades artesanales como la recolección de miel, forjas y molinos de agua. En la casa Riveras los propietarios, que se dedican a la ganadería, ofrecen dos apartamentos con una habitación doble, baño y salón-cocina. La casa se encuentra rodeada de amplios prados y cuenta con un hórreo restaurado con mirador. Muy bien decorada, con muebles rústicos antiguos, restaurados gracias a la dedicación de los propietarios. Desde la casa se domina una magnífica vista dada su buena situación.

Las posibilidades de ocio son variadas: piscina y caballos para alquilar en Santa Eulalia, senderismo, pesca en el río cercano a la casa y su gastronomía, con tres mesones en Santa Eulalia, especializados en carnes de la comarca, embutidos, productos derivados del cerdo y postres como las filloas en carnaval.

Se puede visitar un *mazo* en Mazonovo y un telar en Santa Eulalia. Las playas se encuentran a 40 kilómetros en coche.

San Martín de Oscos

Cabeza da Vila
Tel.: (98) 562 60 19/562 61 34
33777 San Martín de Oscos, Asturias
Habitaciones: 5 dobles

Precios: habitación doble 5.000-6.000 Pta., desayuno 600 Pta.
Propietaria: Mª Paz Méndez Méndez

Cabeza da Vila se enmarca en un paisaje verde, en un llano a 700 metros sobre el nivel del mar.
La casa, situada en el pueblo, a 200 metros del centro, data del siglo XVII. De piedra y madera, es un conjunto formado por una antigua casa de labradores, con capilla, pajar de piedra y casa para criados. Ofrece a los clientes cinco habitaciones dobles con baño, TV y teléfono, todas exteriores. La vivienda tiene calefacción, una cocina antigua o *lar* en muy buen estado de conservación y un salón para compartir con los dueños. Cuenta con un jardín grande alrededor de la casa y aparcamiento privado.

La decoración está hecha con muebles rústicos y diferentes piezas restauradas.

En la zona de Los Oscos hay rutas para bicicletas y una variada oferta de itinerarios de senderismo y excursiones a caballo. Destaca la ruta de la Seimeira, en plena montaña, donde se puede ver una cascada y la ruta de Cova a la Balía.

Para los aficionados al agua las playas están a 34 kilómetros; no obstante, Los Oscos dispone de piscina. Se puede adquirir artesanía de la zona como cuchillos y cestos, y comer embutidos y carne criada en el lugar.

San Martín de Oscos

La Trapela
Tel.: (98) 597 75 96
33777 San Martín de Oscos, Asturias
Habitaciones: 3 dobles

Precios: casa entera 9.000-12.000 Pta.
Propietario: José Antonio Martínez

Las señas de identidad romana y de la Edad Media se dejan notar claramente en el Concejo de San Martín de Oscos.

En el dintel de la puerta se observa una inscripción en la que figura el año de construcción: 1570. La casa rehabilitada sirvió de vivienda a los propietarios hasta fecha reciente; residen en la actualidad en una casa inmediata y que forma parte de un complejo ganadero a la entrada de San Martín de Oscos. Dispone de tres habitaciones dobles, dos baños amplios, salón-cocina con chimenea y calefacción. El mobiliario está constituido por el original de la vivienda, cuidadosamente restaurado.

En la zona existen rutas señalizadas para hacer senderismo y en Santa Eulalia se pueden alquilar caballos para realizar recorridos por las inmediaciones. Como lugares cercanos de interés se encuentra el museo Etnográfico de Gradas de Salime, a 20 kilómetros y, a una distancia similar, se halla el conjunto etnográfico de Texois. También se pueden visitar los restos de Castro, un antiguo poblado celta.

San Tirso de Abres

Casa Vilar
Tel.: (98) 597 84 30
33774 San Tirso de Abres, Asturias
Habitaciones: 2 dobles

Precios: casa completa 6.500-8.500 Pta.
Propietaria: Mª Josefa Santamaría

La Casa Vilar es un edificio rehabilitado de más de 200 años, de piedra, madera y muebles antiguos situado a 1 kilómetro de San Tirso de Abres. Dispone de calefacción, salón-cocina con chimenea, dos habitaciones dobles, jardín alrededor de la casa y aparcamiento para dos coches.

En la localidad hay piscina y merenderos, se puede pescar trucha y salmón en el río Eo, a 300 metros de la casa. También se puede cazar corzo y jabalí, y practicar senderismo por la zona. A 1 kilómetro de la vivienda se alquilan caballos y bicicletas. En la zona se encuentra artesanía de madera y las famosas navajas de Taramundi. En la casa además se pueden adquirir productos de la explotación agroganadera de los propietarios.

A 7 kilómetros se halla el complejo de Texois, donde se pueden contemplar diferentes ingenios hidráulicos que todavía permanecen en funcionamiento, como el *mazo*, el molino y el batán.

Santa Eulalia de Oscos

El Tombo
Tel.: (98) 562 12 05
33776 Santa Eulalia de Oscos, Asturias
Habitaciones: 5 dobles y casa completa
Precios: habitación doble 4.000-5.000 Pta., casa completa 6.000-7.000 Pta.
Propietario: Miguel Trevín

Las peculiares condiciones económicas y sociales, más sus pasados años de aislamiento, hacen de la comarca de los Oscos un paraíso de tradición que ha sobrevivido al paso del tiempo.

El Tombo es una casa aislada, a 300 metros del pueblo, con jardín, terraza y árboles frutales. El mobiliario es el original de la casa, convenientemente restaurado. A principios de este siglo un *ferreiro* de la zona construyó El Tombo como vivienda y complemento comercial a su trabajo en el *mazo*. Hoy sigue conservando su configuración primitiva y los elementos típicos de construcción: piedra, madera y pizarra. Los propietarios viven en el mismo edificio y alquilan cinco habitaciones. Ofrece un salón comunal con chimenea, comedor y calefacción. Además disponen de un apartamento con dos habitaciones. La casa cuenta con una amplia biblioteca fruto de la dedicación de los dueños.

Los propietarios organizan diferentes rutas a caballo, senderismo y excursiones en bicicleta, visitas al conjunto etnográfico de Mazanovo, a un *mazo* o herrería restaurada, y también se puede degustar la cocina típica de la zona en un mesón rehabilitado.

Sorribas-Sevares

Caserías de Sorribas
Tel.: (98) 570 62 32/570 62 84
33584 Sorribas-Sevares,
Asturias

Habitaciones: 9 casas
Precios: casa completa 6.500-17.000 Pta.
Propietaria: Isabel Campuzano

Sevares es un pueblo que pertenece al Concejo de Piloña, en el oriente de Asturias, y su capital es Infiesto. Sorribas, donde están ubicadas las casas, es una pequeña aldea dentro de Sevares.

Caserías de Sorribas es un conjunto de nueve casas rehabilitadas que han sabido conservar el sabor tradicional de las viviendas rurales asturianas. Están enclavadas en una amplia finca de 250 hectáreas, perteneciente al palacio de Sorribas, por la que discurre un río y salpicada de pequeños bosques. Cuenta con un área recreativa dotada de barbacoas, mesas y bancos. Las casas tienen capacidad para cuatro, seis y ocho plazas, y algunas tienen un hórreo. La decoración es rústica con vigas y tabiques de madera vistos y paredes de piedra.

Disponen de bicicletas de montaña para alquilar y de caballos para hacer rutas o paseos con guía; también hay picadero y se dan cursillos a niños y adultos. Se puede pescar en el río que discurre por la finca. Otras actividades para ocupar los ratos de ocio son el senderismo, la escalada, el *puenting* y los descensos en canoa de Arriondas al río Sella.
No se dan comidas pero hay restaurantes por toda la zona.

Teixeira-Santalla de Oscos

Casa de Riba
Tel.: (98) 562 61 77
33776 Teixeira-Santalla de Oscos, Asturias
Habitaciones: 2 dobles

Precios: casa completa 8.000-10.000 Pta.
Propietarios: José Manuel y Amparo

Teixeira es una aldea típica del occidente asturiano, con árboles y prados en los que se cría ganado vacuno. La Casa de Riba se encuentra a 5 kilómetros del conjunto etnográfico de Mazonovo y a 20 de Taramundi.

Es una vivienda rehabilitada de más de 400 años, de arquitectura tradicional en materiales nobles —madera, pizarra y piedra—. En el edificio viven los propietarios y, alquilan, dos apartamentos con mobiliario tradicional de madera de castaño. Cada apartamento consta de dos habitaciones dobles, baño, salón-cocina, calefacción, agua caliente, TV y chimenea.

Se puede practicar senderismo a través de diversas rutas por la zona y, para los aficionados a lo ecuestre, pasear a caballo. A 40 kilómetros de la casa se encuentra el embalse de Salime con una variada oferta de actividades. En la localidad de Grandas de Salime existe un importante museo etnográfico. También se puede comprar artesanía textil y cerámica. En Santa Eulalia se ofrece una buena oferta gastronómica a base de los platos típicos de la comarca.

Villar de Vildas-Somiedo

La Corte
Tel.: (98) 576 31 31
33842 Villar de Vildas-Somiedo, Asturias
Habitaciones: 2 dobles, 2 triples y un apartamento
Precios: habitación doble con desayuno 5.500 Pta.
Propietarios: hermanos Berdasco

Situada en el valle del Pigüeña, a una hora de camino de La Braña de la Pornacal, Villar de Vildas es una aldea típica asturiana en una zona poco explotada turísticamente, en pleno corazón del parque natural de Somiedo.

Casa de aldea construida en 1861 y restaurada recientemente, ha sabido conservar la madera y su corral con hórreo. Ubicada a la entrada del pueblo, es un edificio que ofrece dos habitaciones dobles, dos triples abuhardilladas, todas con baño, salón con chimenea, galería y una pequeña biblioteca. Además dispone de un apartamento con dos habitaciones, salón con chimenea, cocina y baño. Tiene calefacción y, en el mismo edificio, viven los propietarios. En la casa hay un mesón en el que sirven comida casera con productos locales; su especialidad es el pote de berzas.

Se puede practicar senderismo, con dos rutas destacadas: La Braña de la Pornacal, en la cabecera del valle del Pigüeña, y Braña Viecha o Braña de los Cuartos. En la primera se llega a un conjunto de 34 cabañas de *teito,* agrupadas en barrios y, en la segunda, se pueden ver los *corros*.

Existe la posibilidad para el visitante de ir a los Lagos en coche o a caballo.

Navaluenga

Casa El Barranco
Tel.: (920) 28 61 46
Finca El Barranco
Navaluenga, Ávila
Habitaciones: 4 dobles

Precios: fin de semana 48.000 Pta., semana 85.000 Pta.
Propietario: Pedro Sahagún Gallego

La sierra de Gredos constituye uno de los territorios peninsulares de más alto valor ecológico, con especies tan representativas como el águila real, águila imperial, buitre negro o la cabra hispánica. Parajes y montes míticos, con neveros perpetuos, como el Almanzor, los Galayos, el Circo de Gredos o las Cinco Lagunas son accidentes de fisonomía espectacular. Navaluengas se encuentra enclavada en el valle del Alberche, antes de formar el embalse de Burguillo, entre la sierra de Paramera y la sierra del Valle.

La Finca El Barranco se sitúa a 1 kilómetro del pueblo, entre cerros y montañas. La casa se alquila completa y ofrece dos habitaciones con baño y otras dos dobles con baño compartido, cocina totalmente equipada y salón con chimenea francesa y billar, decorado con motivos de caza. La estancia se encuentra dentro de una finca de cinco hectáreas, dedicada al cultivo de árboles frutales. Dispone de barbacoa y piscina.

Desde la casa se divisan las aguas del pantano de Burguillo. Cuenta, además, con instalaciones para la práctica de deportes náuticos. Se pueden contratar servicios para realizar recorridos a pie, a caballo o en bicicleta de montaña.

Castellar de Riu

Cal Jacques
Tel.: (93) 821 04 41
Llinas de l'Aiguadora
08619 Castellar de Riu,
Barcelona

Habitaciones: 7 dobles
Precios: habitación doble 6.600 Pta.
Propietario: Ismael Romero Belenchón

Castellar de Riu se sitúa en la comarca El Bergueda, formando parte de la Cataluña interior. Dividida en la montañosa Alta Bergueda y separada de la Cerdanya y el Alto Urgell por la sierra del Cadí al norte y por la Baja Bergueda al sur, constituye una llanura ondulada, llena de pequeños torrentes y rieras.

La casa está rodeada de prados de pasto donde se crían caballos y yeguas, además de por bosques de pino, roble y encina. A escasos 200 metros transcurre el río Aigua D'ora. Rehabilitada para uso turístico, ofrece habitaciones con cama de matrimonio y salón con chimenea y calefacción para uso de los clientes. Los dos baños se hacen escasos para las dimensiones de la habitación.

Sus propietarios dispensan un trato especial a los más pequeños. Así lo demuestra una sala con juegos que ponen a su disposición.

Se puede practicar el senderismo y la pesca si se posee la licencia. La cocina tradicional ofrece productos naturales de la propia casa. Se pueden visitar, entre otros lugares, Berga a 20 y Sant Llorenç a 13 kilómetros.

Castelltallat

Casa Biosca
Tel.: (93) 836 60 45
Les Corts de Biosca
08263 Castelltallat, Barcelona
Habitaciones: 3 dobles

Precios: habitación doble 4.000 Pta., fin de semana 22.000 Pta.
Propietaria: Anna Mª Duocastella

Bosques de encinas, pinos laricios, robles salpicados por campos de un verde intenso en invierno y dorado en verano son los paisajes característicos de la sierra de Castelltallat, situada entre el mar y la montaña.

Biosca conserva, tanto en su entorno como en sus vistas sobre Montserrat, el encanto de esta sierra interior de Cataluña. Construida en diferentes épocas a la manera tradicional, se han rehabilitado las antiguas pocilgas —*corts* significa pocilga en catalán— para convertirlas en una cómoda residencia tipo casa de payés. El antiguo establo se habilitó como comedor donde se pueden degustar platos de lenta elaboración como la sopa de pan tostado con albóndigas o el conejo con chocolate. La casa se alquila completa o por habitaciones. Dispone de dos baños completos para las tres habitaciones y un amplio salón con chimenea cuyas vistas son espléndidas.

La hospitalidad y el trato familiar son uno de los grandes atractivos de esta sierra, que ofrece la posibilidad de hacer travesías a caballo, en bicicleta, en compañía de un asno o montados en una caravana tirada por un caballo. También se imparten cursos de elaboración de mermeladas y de cestería.

Castellví de la Marca

Mas Orpi
Tel.: (93) 890 25 57/891 90 58
Les Conilleres
08732 Castellví de la Marca,
Barcelona

Habitaciones: 4 dobles
Precios: habitación doble
6.000 Pta.
Propietario: J.A Felices

Los antiguos castillos feudales de Sant Martí sa Roca o de Castellví de la Marca dominan un paisaje típico de cultivos mediterráneos. Las vides dan fama al Penedés por sus excelentes vinos y cavas. A finales de febrero florecen los almendros favorecidos por la benignidad del clima mediterráneo.

Les Conilleres es una pequeña población donde perdura la actividad agrícola tradicional y se elaboran cavas artesanales en sus bodegas. Esta masía completamente restaurada —mantiene elementos arquitectónicos de los siglos XIV y XV—, está ubicada en las afueras de la población. Dispone de amplios salones con chimenea y comedor, decorados con muebles antiguos. Desde sus cuatro habitaciones con baño se contemplan espléndidas vistas de la llanura central del Penedés.

Los propietarios elaboran su propio cava en la antigua bodega de la casa. Otros lugares de interés son el Centro de Equitación, situado a 1 kilómetro de distancia y Vilafranca del Penedés a 8, sin olvidar, claro está, el parque natural del Garraf, a 40.

Fonollosa

Casa Sant Andreu
Tel.: (93) 743 31 37
Sant Andreu
08269 Camp, Barcelona
Habitaciones: 2 dobles y 1 individual
Precios: casa completa fin de semana 25.000 Pta., semana 55.000 Pta.
Propietaria: Mª Teresa Soler

La comarca del Bages, entre el Pla de Camps y Sant Mateu de Bages, tiene una densidad de población en las zonas rurales de 10 habitantes por kilómetro cuadrado. La zona es rica en masías, antiguas casas fortificadas, callejuelas, iglesias y ermitas.

En las extensas umbrías y solanas crecen bosques de pino, roble y encina que dan cobijo a una rica fauna. La casa de Sant Andreu fue construida en el año 1640. A su lado se levanta la ermita románico-gótica bajo la advocación del apóstol san Andrés, que data del año 1500. Las actividades principales de los propietarios de la masía son la ganadería, la cría de animales de granja —patos, ocas, pavos—, y su participación en el proyecto agroturístico Paisaje y Aventura en la sierra de Castelltallat. El mobiliario interior consta de muebles rústicos en el comedor, sala de estar con chimenea y habitaciones.

Además de las actividades que se ofrecen a través del proyecto de agroturismo —paseos en caravana tirada por un caballo, participación en cursos de elaboración de mermeladas y cestería— la casa centra su oferta en el descanso de sus huéspedes, a lo que contribuye su cuidado jardín y la piscina. La gastronomía de la zona también es un aliciente para *dejarse caer* por estos pagos.

Sant Pere de Rives

Els Cucons
Tel.: (93) 896 13 70
Camí d'Els Cucons
08810 Sant Pere de Ribes, Barcelona

Habitaciones: 5 dobles
Precios: habitación doble 6.000 Pta.
Propietarios: Hans y Eva Hoffman

Está situada en la comarca del Garraf a tan sólo 4 kilómetros de la zona marítima. El acceso se realiza desde el camino privado que conduce al casino de Barcelona. A pesar de ser una zona de alta densidad de población, todavía se conservan actividades tradicionales en algunas de las numerosas masías que se encuentran en el camino —bosques y viñas por doquier— que conducen a Els Cucons.

Sus dueños llevan cinco años acogiendo con amabilidad a los clientes que se acercan a esta masía del siglo XVIII y restaurada con profundo sabor mediterráneo. Un agradable salón abre paso a un amplio comedor, que hace las veces de sala de usos múltiples, decorado con prensas de vino. En las plantas superiores se hallan las cinco habitaciones con baño, acogedoras y con buenas vistas. Su actual preocupación se centra en la próxima construcción de una autovía que, previsiblemente, acabará con el encanto de la zona y con todo el esfuerzo que ha supuesto a sus habitantes mantener este paisaje mediterráneo.

Si se desea disfrutar de la tranquilidad de la zona o se es amante de los deportes náuticos, todavía es tiempo de elegir como destino esta masía situada entre Vilanova i la Geltrú y Sitges.

Tagamanent

El Folló
Tel.: (93) 842 91 16
08591 Tagamanent, Barcelona
Habitaciones: 7 dobles y 1 individual
Precios: habitación doble 4.000 Pta.
Propietaria: Mercé Brunés

La vegetación mediterránea presente en el macizo del Montseny está representada en los alrededores de Tagamanent, al sur de la sierra, por bosques formados de encinas y pinos, que configuran una espesa vegetación de paisaje perenne todo el año.

Esta casa de payés aislada, de fácil acceso desde el pueblo, ha sido habilitada convenientemente para acoger a sus huéspedes, en un ambiente decorado con muebles antiguos en sus dependencias, distribuidas en salón con chimenea, comedor y una habitación en la primera planta y cuatro habitaciones más en la segunda, con cinco baños para los clientes. Además se ofrece una cocina basada en la elaboración propia. El amplio espacio exterior permite disfrutar del paisaje y del juego de los niños con toda tranquilidad.

Situada dentro del parque natural del Montseny, reúne excelentes condiciones para pasear o disfrutar de largas caminatas por los numerosos senderos que parten de la casa. Se alquilan cuadras para caballos si vamos de ruta por la comarca.

Granollers a 18 y Barcelona a 46 kilómetros son centros urbanos próximos a El Folló.

Báscones de Zamanzas

Casa Zamanzas
Tel.: (947) 13 04 42
09146 Báscones de Zamanzas, Burgos

Habitaciones: 2 dobles
Precios: fin de semana 20.000 Pta., semana 45.000 Pta.
Propietaria: Yolanda Álvarez

El valle de Zamanzas se encuentra situado al norte de la provincia de Burgos, en dirección a Santander.

El robledal y la silueta del buitre leonado en pleno vuelo son elementos constantes en el paisaje. Los fenómenos cársticos son abundantes en la comarca, donde destacan Orbaneja, Pozo Azul y Ojo Guareña. Las manifestaciones del románico y las casas blasonadas son parte importante del patrimonio histórico del valle.

La casa se encuentra aislada, rodeada de robledales, en un paraje de gran interés ecológico. La piedra de sillería y la madera son los materiales tradicionales de la zona, incorporados en la rehabilitación del edificio. Ofrece dos habitaciones dobles, baño, cocina-comedor y un salón con chimenea, donde arde la madera de roble.

Los cañones del Ebro, con sus paredes escarpadas de hasta 200 metros de desnivel, son el escenario ideal para realizar rafting o piragüismo; en las sendas y caminos tradicionales que unen los pueblos de la comarca, se pueden hacer recorridos a pie, en bicicleta de montaña o a caballo. Localidades cercanas como Crespos, Ailanes, Orbaneja del Castillo y Turzo bien merecen una visita.

Pradilla de Hoz de Arreba

Casa El Rincón
Tel.: (947) 15 30 92
09572 Pradilla de Hoz de Arreba, Burgos
Habitaciones: 2 dobles y 1 de matrimonio
Precios: habitación doble 3.500 Pta., habitación matrimonio 4.000 Pta.

El noroeste de la provincia de Burgos marcó la raya defensiva de la Reconquista, como así lo atestiguan las numerosas edificaciones defensivas como murallas y alcázares. El río Ebro vertebra el territorio, recogiendo las aguas de numerosos valles de formación cárstica, donde se asientan los núcleos urbanos, algunos de ellos de gran interés histórico, como Medina de Pomar, Villarcayo y Frías.

La vivienda se encuentra en el interior del pueblo y conserva su fachada de piedra después de la restauración. En el interior, suelos y vigas de madera se combinan con el mobiliario nuevo de estilo rústico.

Dispone de una habitación de matrimonio con baño completo y otras dos dobles con baño compartido, comedor, salita-cocina con chimenea y un pequeño patio interior convertido en jardín. Toda la casa cuenta con calefacción central.

Los propietarios, que viven al lado, son ganaderos con granja de cabras y una quesería artesana con deliciosos quesos que venden al público. En el curso del Ebro se pueden practicar deportes náuticos. La gastronomía de la zona gira alrededor del asado de cordero con sus variantes y los productos de repostería, celebrados por su calidad.

Santocildes

Casa El Avellano
Tel.: (947) 35 84 29
09213 Santocildes, Burgos
Habitaciones: 6 dobles

Precios: habitación doble 3.500 Pta.
Propietario: Jesús Juez Arín

Al norte de Burgos se encuentra el valle de Tobalina, en la cuenca del río Ebro, con sus afluentes Purón, Ferea, Oca y Nela. El paisaje característico es el de las rocas calizas que el agua va erosionando, formando bellos desfiladeros y cascadas. El río Purón, antes de adentrarse en Burgos, forma un desfiladero de 400 metros, dejando atrás el parque natural de Valderejo, valle recóndito rodeado de montañas en la provincia de Álava, con interesantes muestras de encinar mediterráneo y bosques de pino silvestre.

El alojamiento se encuentra en una antigua vivienda rural recuperada, en una aldea con cuatro vecinos. Ofrece dos habitaciones dobles con baño, y otras dos de matrimonio con baño incluido y sala-comedor con chimenea. Un amplio jardín rodea la casa que, además, cuenta con instalaciones hípicas completas: *boxes* individuales para pupilaje de caballos y cualquier otro animal doméstico que viaje con los clientes.

La casa ofrece todo tipo de información detallada para la práctica del senderismo, bicicleta de montaña, parapente y deportes náuticos. Para los que busquen nuevas experiencias también se ofertan viajes en globo aerostático. El parque natural de Valderejo se encuentra a 6 kilómetros de distancia y merece ser visitado.

Navaconcejo

El Molino del Sol
Tel.: (927) 47 03 13/47 00 45
Paraje Las Guerrillas
10613 Navaconcejo, Cáceres
Habitaciones: 4 dobles y 1 buhardilla

Precios: habitación doble 4.000-4.500 Pta., casa completa 12.000-15.000 Pta.
Propietario: Luis Manuel Pérez

Siguiendo las faldas de las sierras de Guadarrama y Gredos en dirección a Portugal, se tarda unas dos horas y media en llegar al valle del Jerte desde Madrid. El paisaje cae abruptamente desde los picos graníticos más altos de las sierras del Barco y de Béjar. Aparece un valle profundo cubierto por extensos bosques de roble y castaño, surcado por el río Jerte que atraviesa un mosaico de terrazas en las que se cultiva el cerezo, la frambuesa y otras frutas.

Es una casa rural habilitada sobre un antiguo molino de grano y pimentón a orillas del río Jerte. Su rehabilitación se ha hecho con materiales tradicionales —madera de castaño, barro, corcho...— y una cuidada decoración con sabor a campo, que ha sabido recuperar elementos ya olvidados. Se alquila la casa completa para ocho personas; para más clientes la casa cuenta con una buhardilla con dos habitaciones más y salita.

Se puede colaborar en las tareas agrícolas, pasear a caballo, pescar, hacer piragüismo, senderismo o probar con las bicicletas de montaña. Se puede visitar La Vera, Hervás, Las Hurdes, Gredos y el parque natural de Monfragüe.

Pago de San Clemente-Trujillo

Lagar Santa Marta
Tel.: (927) 31 92 03
(91) 350 22 17
10200 Pago de San Clemente-Trujillo, Cáceres
Habitaciones: 10 dobles

Precios: habitación doble 8.000 Pta.
Propietarios: Marta Rodríguez y Henry Elink Schumman

A pocos kilómetros de Trujillo, estas fincas señoriales, esparcidas entre las suaves lomas olivareras del Pago de San Clemente y de Herguijuela, ofrecían en el siglo pasado a la clase acomodada de Trujillo solaz y recreo. En las casonas o lagares el campesino ocupaba la primera planta y, en las bodegas abovedadas, se guardaban el aceite de manzanilla, gordal y cacereño, y el vino de pitarra. Actualmente se recogen también la cereza y la almendra.

Sus anfitriones, ex diplomáticos y grandes viajeros, decidieron rehabilitar este cortijo extremeño respetando la arquitectura tradicional autóctona y cuidando con esmero la decoración. El molino o prensa de aceite en la almazara ha sido convertido en salón comedor, y la bodega fue acondicionada como sala de estar. También disponen de capilla, habitaciones dobles con baño rústico en todas ellas, un patio con naranjos y amplia zona ajardinada con piscina.

Los visitantes podrán conocer las tradiciones locales, pasear a caballo y practicar bicicleta de montaña en los cordeles de la trashumancia, entre fincas de toros de lidia y caballos de pura raza, amén de ejercitarse en el tiro al plato y disfrutar de interesantes recorridos cinegéticos.

Arcos de la Frontera

Cortijo Barranco
Tel.: (956) 23 14 02
11630 Arcos de la Frontera, Cádiz
Habitaciones: 8 dobles y una casa completa para 4 personas

Precios: habitación doble 7.000-8.000 Pta., casa completa 60.000-70.000 Pta.
Propietaria: Mª José Gil Amián

En el corazón de los pueblos blancos, en la parte interior de Cádiz, se encuentra este cortijo a 8 kilómetros de Arcos de la Frontera.

El cortijo, también denominado Molino Nuestra Señora de la Luz, es típicamente andaluz del siglo XVIII rehabilitado, con un patio en el que destaca un limonero. Ofrece unas preciosas vistas, jardín y piscina. El antiguo molino de aceite ha sido convertido en el actual comedor; tiene salón con chimenea y billar, los techos son muy altos, de 6 metros aproximadamente, el mobiliario es antiguo y las puertas tienen manillares de hierro. Los propietarios han reconstruido las torres y viven en una parte de la casa. Su actividad se centra en las labores típicas del campo. Ofrecen comidas y desayunos.

Un paseo permite observar las plantas medicinales que abundan en la zona, el romero y el lentisco así como los fósiles . A 8 kilómetros de la casa se alquilan caballos y a 4 kilómetros la práctica de deportes náuticos es posible gracias al lago de Arcos. Además, *dejarse caer* por Jerez ofrece al visitante la oportunidad de disfrutar con sus espectáculos ecuestres y bodegas, amén de degustar una serie de platos típicos, como la sopa de la comarca entre otros.

Los Barrios

Las Cuadras
Tel.: (956) 63 02 34
Monte de la Torre
11370 Los Barrios, Cádiz
Habitaciones: 2 dobles en cada casa

Precios: casa completa semana 65.000-95.000 Pta.
Propietarios: Malcolm y Anna Davidson

La dehesa de Monte de la Torre, de 600 hectáreas de alcornoques y pastos naturales, se encuentra en el parque natural de Los Alcornocales, rodeada de sierras y valles, con magníficas vistas a través del estrecho de Gibraltar hacia el norte de África. Se sitúa en una de las principales rutas de migración de pájaros.
A partir de dos lados de las antiguas cuadras de una casa de campo, se ha conseguido rehabilitar dos viviendas independientes. La finca posee abundante agua propia y un patio tradicional con fuentes, flores y naranjos. Cada casa tiene dos habitaciones dobles, salón con chimenea, baño amplio, cocina y patio exterior. Están amuebladas con una simpática mezcla de muebles antiguos, al estilo inglés, español y contemporáneo.

La zona ofrece una amplia gama de actividades: piscina y cancha de tenis en los jardines de la finca, Tarifa a 30 minutos y campo de golf a 20, paseos por los bosques, alrededor del lago de la finca y en los valles cercanos. Por último, se puede disfrutar visitando los mercadillos semanales de Algeciras, Los Barrios y Sotogrande.

Bárcena Mayor-Los Tojos

La Calleja **Tel.:** (942) 25 00 11/25 10 31 39518 Bárcena Mayor- Los Tojos, Cantabria **Habitaciones:** 4 dobles	**Precios:** casa completa 10.000-12.000 Pta., semana 60.000-95.000 Pta. **Propietario:** José Mª Gómez

Bárcena Mayor, declarado en 1979 conjunto histórico artístico, es uno de los cinco núcleos dispersos que conforman el municipio de Los Tojos. Se encuentra el pueblo rodeado por el río Argoza, afluente del Saja en su tramo alto, con aterrazamientos pratícolas, orlado de *bosquetes* y bosques de entidad.

La casa de piedra y madera ha sido rehabilitada siguiendo el estilo tradicional de la zona, decorada con muebles de castaño rústicos. Tiene capacidad para ocho personas, con tres baños, cocina, salón con chimenea, calefacción, barbacoa y aparcamiento.

El pueblo está enclavado en la reserva nacional del Saja, lugar idóneo para pasear entre los bosques, en los que habitan el venado, jabalí y corzo, así como truchas en el río Argoza. Se pueden recorrer rutas a caballo, ir a la playa —Comillas a 40 km—, degustar el cocido montañés con berza y comprar albarcas en Bárcena.

Camijanes-Herrerías

Primorías **Tel.:** (908) 78 47 84 (942) 27 06 82/74 62 01 39594 Camijanes-Herrerías, Cantabria	**Habitaciones:** 7 dobles **Precios:** casa completa semana 49.000-91.000 Pta. **Propietarios:** Francisco Ruiz Mijares y Nieves Ramos Torre

En el río Nansa se sitúa Herrerías, que toma el nombre de la actividad económica fundamental del siglo XI, la extracción, tratamiento y comercialización del hierro. Está limitado por Val de San Vicente, Lamasón, Rionansa y Valdáliga.

Primorías es un conjunto de tres casas resultado del reacondicionamiento de una casa-cuadra del siglo XV dentro de una explotación ganadera. La finca continúa teniendo un aprovechamiento ganadero con un rebaño de 47 vacas. Dos de los apartamentos tienen capacidad para seis personas y otro para ocho. Dispone de chimenea de leña, y la construcción y decoración conserva el encanto de los materiales nobles, con techos de madera y muebles rústicos.

Pasear por los alrededores con el ganado pastando, disfrutar de la montaña —a 10 kilómetros los Picos de Europa; la playa a 6 kilómetros—, visitar la torre de Cabanzón, edificación de carácter defensivo de los siglos XII y XIV, son algunas de las actividades que pueden realizar los visitantes.

El Barcenal-San Vicente de la Barquera

El Molino de Bonaco
Tel.: (908) 78 42 45
(942) 74 62 70
39549 El Barcenal-San Vicente de la Barquera, Cantabria

Habitaciones: 1 habitación en cada apartamento
Precios: casa completa 10.000-12.000 Pta.
Propietarios: Rosa y Javier

El Barcenal se encuentra a 8 kilómetros del núcleo urbano de San Vicente de la Barquera, dentro del límite del parque natural de Oyambre. En la localidad se conservan varios túmulos funerarios y un dolmen en las proximidades, sin olvidar el encanto de San Vicente, villa marinera por excelencia.

El conjunto está formado por dos apartamentos, uno en una antigua casa —amplia habitación con chimenea, baño y balcón— y otro con cocina, habitación y salón con chimenea, en el interior de un molino, inserto en una antigua piscifactoría transformada en lago de pesca que puede ser utilizado por el visitante todo el año. El mobiliario rústico y las piezas conservadas del antiguo molino le confieren una especial distinción a su decoración.

Los propietarios ofrecen comidas con productos propios de la finca siempre que dichas solicitudes se realicen con aviso previo. Se puede pescar en la modalidad de pesca sin muerte — a látigo y con mosca—, pasear en barca por el río, minigolf, piragüismo, observación de la naturaleza, senderismo y, a un paso, visitar los valles del Saja y Nansa con el apabullante fondo de los Picos de Europa.

La Punvieja-Los Tojos

La Punvieja
Tel.: (942) 70 84 21
39517 La Punvieja-Los Tojos, Cantabria
Habitaciones: 6 dobles

Precios: habitación doble 5.000-8.000 Pta., desayuno 350 Pta.
Propietario: José Antonio Lastra

El edificio está situado en el valle alto del río Saja, junto a uno de sus afluentes, el río Argoza, en la carretera de acceso a Bárcena Mayor, junto al cruce que va a Los Tojos, dentro del tradicional camino a Castilla y en las proximidades de un bosque mixto en la reserva nacional del Saja.

Sobre las ruinas de una antigua fonda de carretera se levanta un edificio reconstruido al estilo montañés, formado por bar-restaurante y hospedaje rural. Junto con la rehabilitación del edificio se ha recuperado el entorno, integrándolo en el conjunto con fines de esparcimiento. Todas las habitaciones tienen baño y calefacción.

En la casa se pueden alquilar bicicletas, emprender rutas a pie y a caballo, pescar truchas en el río Argoza y visitar el pueblo de Bárcena Mayor, declarado conjunto histórico artístico.

Lombraña-Polaciones

Casa Toto
Tel.: (942) 72 90 23
39557 Lombraña-Polaciones,
Cantabria

Habitaciones: 5 dobles
Precios: 1 habitación doble 2.500-3.000 Pta.
Propietario: Alfonso Diego

El valle de Polaciones, de gran riqueza natural, está rodeado por las sierras de Peña Labra y Peña Sagra, con sus crestas emblemáticas de Pico Tres Mares y Cuerno de Peña Sagra. Lombraña posee un magnífico repertorio de casas de gran interés, de piedra de sillería, algunas con escudo, especialmente las de carácter colonial.

La Casa Toto, rehabilitada en madera y piedra, cuenta con una biblioteca de ejemplares antiguos, con una pequeña capilla además de un mobiliario antiguo de alto interés. Cuenta con cinco habitaciones dobles con tres baños para compartir. Es posible alquilar la casa entera ya que ésta dispone de cocina.

Se ofrecen desayunos y se pueden hacer rutas y excursiones de todo tipo por el valle de Polaciones, siendo las más conocidas las que se realizan a los puertos de Sejos. Es un lugar atractivo para observadores y amantes de la naturaleza.

Muñorrodero-Val de San Vicente

Posada Muño
Tel.: (942) 71 80 58
39594 Muñorrodero-Val de San Vicente, Cantabria
Habitaciones: 8 dobles

Precios: habitación doble 3.500-5.000 Pta., con baño 4.000-5.500 Pta., desayuno 300 Pta.
Propietaria: Amalia Fernández

Val de San Vicente es un municipio acogedor con paisajes notables representados por Tina Menor y Tina Mayor. En Muñorredero se hallan dos molinos que comparten escalonadamente el mismo sistema hidráulico.

La posada se ubica en una antigua casona montañesa a la que se ha anexionado una torre que hace las funciones de distribuidor, mejorando sensiblemente el aprovechamiento de la casa. Está dotada de jardín con asador y, aunque se encuentra dentro del núcleo rural, permite tener independencia a los huéspedes. Cuatro habitaciones tienen baño propio y las otras cuatro son abuhardilladas con un baño para cada dos. Además dispone de salón-comedor con chimenea y calefacción y muebles antiguos y sencillos.

Los clientes pueden pasear en canoa y a caballo, alquilar bicicletas en Unquera, a tan sólo 5 kilómetros, disfrutar de las playas de San Vicente, comprar productos artesanales, comer marisco y acercarse a los Picos de Europa, que están a 40 kilómetros aproximadamente.

Ucieda de Arriba-Ruente

La Casona
Tel.: (942) 70 90 13
39512 Ucieda de Arriba-Ruente, Cantabria
Habitaciones: 9 dobles

Precios: habitación doble 4.000-5.000 Pta.
Propietaria: María San Juan Fernández

Es Ruente el primer municipio de la zona en el acceso al real valle de Cabuérniga. Sus núcleos de población se sitúan en torno al río Saja y a él pertenecen parajes de alto valor natural y paisajístico, tales como Monte Aja o el río de Los Vados.

Es una casona típica montañesa perfectamente reconstruida en piedra y madera. Destaca por la laboriosidad y contenido artístico de sus aleros, realizados a mano respetando el estilo tradicional. Ofrece cuatro habitaciones dobles con baño y cinco más con tres baños compartidos con suelos y techos de madera. La casa está situada en el centro del pueblo y los muebles utilizados para la decoración son de madera antigua cántabra.

Esta localidad está perfectamente comunicada al tener cerca la playa y el monte. Gracias al buen hacer gastronómico de sus gentes, Ucieda se ha convertido en un lugar de interés por su cocido montañés, por las carnes de venado, cordero y jabalí. También se pueden contemplar sus típicas casas palaciegas y humilladeros dentro de la localidad.

Calzada de Calatrava

Finca Cerro Molino **Tel.:** (926) 87 52 09/69 30 87 13370 Calzada de Calatrava, Ciudad Real	**Habitaciones:** 6 dobles **Precios:** habitación doble 4.500 Pta. **Propietaria:** Mercedes Barato

Edificación de los años 20, situada en pleno Campo de Calatrava, sobre la cima de una pequeña loma desde donde se divisan las primeras ramificaciones de Sierra Morena, en un paisaje típicamente manchego. La casa, ubicada en una gran finca en la que se puede practicar la caza menor y observar perdices, buitres y liebres, está decorada con excelente gusto, fruto del empeño de la dueña en rescatar muebles antiguos, aperos de labranza, puertas y techos de madera, manteniendo así toda la tradición y el encanto de estas tierras. Las seis habitaciones dobles disponen de baño y calefacción. Además, cuentan con aparcamiento para los clientes, un gran salón y un zaguán o porche con el suelo de piedra que, una vez traspasado, traslada al cliente a un ambiente rural.

La gastronomía de la zona reúne en Cerro Molino una espléndida muestra dentro de su cuidada cocina, con la atmósfera incomparable creada por una decoración rescatada, al detalle, del recuerdo. También, en la finca, se realizan matanzas y existen rutas para hacerlas en bicicleta, burro o caminando.

El huésped puede visitar el castillo de Calatrava, la localidad de Almagro con sus festivales de teatro clásico y el museo de la Marina en el Viso del Marqués.

Carcabuey

Molino de las Palomas
Tel.: (957) 55 35 48
14810 Carcabuey, Córdoba
Habitaciones: capacidad para 14 personas

Precios: casa completa para 8 personas 16.000 Pta.
Propietaria: Carmen Caballero

La casa, a 4 kilómetros de Carcabuey, está situada en el corazón de la sierra Subbética, al sur de la provincia de Córdoba. El elemento más característico de esta zona de media montaña es el modelado cárstico de su roca caliza. Su vegetación, típicamente mediterránea, es rica en encinas y quejigos.

Los dueños esperan a los clientes en la propia casa o en el ayuntamiento del pueblo para acompañarlos a lo que será su nueva estancia de vacaciones. La vivienda dispone de una huerta de más de 1.000 metros con un molino de harina rehabilitado, un nacimiento de agua, nogales, barbacoa y piedras de molino que hacen de mesa y piscina. La casa está decorada con muebles antiguos y los techos tienen vigas de madera. Una de las habitaciones es una buhardilla y hay chimenea en el salón.

Algunos parajes son idóneos para hacer excursiones y senderismo, como el Lapiaz de los Lanchares, Los Hoyones, La Nava, la sima de Cabra, las sierras de Galliner y Los Pollos o el río La Hoz. A 20 kilómetros se puede disfrutar de un embalse que permite practicar los deportes acuáticos.

Cañaveruelas

Casa Diana
Tel.: (969) 37 21 50
Plaza Iglesia, 4
16536 Cañaveruelas, Cuenca
Habitaciones: 3 dobles y 1 individual
Precios: habitación doble 4.200 Pta.
Propietaria: Diana

Situada en las inmediaciones del embalse de Buendía, se accede desde Castejón — a 10 kilómetros— por una pista que atraviesa su monte con una interesante muestra de flora y fauna mediterránea, donde es habitual cruzarnos con perdices, liebres y conejos. En la hoz del río Guadiela, en el cerro de Santaver, se encuentran las ruinas de la ciudad romana de Ercávica

La casa, de dos plantas, ha sido recientemente rahabilitada. En la planta baja se halla un amplio dormitorio, cocina, cueva, sala de estar-comedor, patio y cocinilla-estancia con chimenea, tradicionalmente utilizada como espacio doméstico. La planta primera dispone de tres habitaciones y baños completos.

Una visita al museo de la iglesia de Nuestra Señora de la Paz permitirá conocer al visitante las antiguas usanzas de la zona. En el embalse de Buendía se puede practicar vela, piragüismo y windsurf. Existen interesantes rutas para iniciarse en el senderismo y la bicicleta de montaña, las cuales pueden alquilarse en la misma casa.

Caracenilla

Casa Eulalia
Tel.: (969) 37 21 50
Salida de la Vega, 1
16540 Caracenilla, Cuenca
Habitaciones: 2 dobles y 2 individuales

Precios: habitación doble 3.700 Pta., habitación individual 1.850 Pta.
Propietaria: Eulalia García Jiménez

El pueblo, de 100 habitantes, se encuentra en un típico paisaje alcarrreño rodeado de cerros y muelas, a 13 kilómetros de Huete, del que es pedanía. En los alrededores quedan las señales de los bosques que cubrieron estas tierras, formados por encinares salpicados de roble. Antiguos restos de época romana, como el puente y el *miliarium*, dan testimonio de su pasado. La ermita de la Concepción destaca como monumento digno de ser mencionado.

La casa se sitúa a la entrada del pueblo. Se trata de una vivienda a la antigua usanza, donde Eulalia acoge a los clientes con la sencillez y hospitalidad característica de la gente apegada a la tierra. Ofrece dos habitaciones dobles y dos de uso individual con un baño completo compartido, salón, un gran patio y corral de labranza, todo en el más puro estilo tradicional.

La cocina ha sido acondicionada para la matanza que Eulalia elabora de forma artesanal y que ofrece a sus clientes según la época. Las actividades de ocio que pueden llevarse a cabo son el senderismo por la hoz de Albalate, los paseos por los alrededores del pueblo, o lanzarse desde las lomas cercanas sujeto a un parapente.

Huete

Casa Chus	**Habitaciones:** 3 dobles
Tel.: (969) 30 21 50	**Precios:** por persona y día 2.100 Pta.
Tenerías, 9	**Propietaria:** María Jesús
16500 Huete, Cuenca	

La Alcarria es una comarca natural compartida por las provincias castellanas de Cuenca y Guadalajara. Huete se enmarca en los umbrales de La Alcarria conquense, a tan sólo una hora y cuarto de Madrid. Las tradiciones de esta tierra son herencia de varias culturas: ibérica, romana, árabe, judía y cristiana. El paisaje ofrece contrastes tales como los parajes agrestes y los áridos cerros junto a lugares verdes y húmedos, donde sus gentes mantienen y recuperan hábitos y usos tradicionales.

Dentro de la localidad se ubica esta casa tradicional de dos plantas. Chus, la propietaria, obsequia a los clientes a su llegada con una degustación del vino elaborado por su padre. La vivienda de alquiler completo ofrece una acogedora estancia con chimenea, cocina y un baño en la planta baja. En la segunda se hallan tres dormitorios decorados con estilo y un baño completo. Además, la casa dispone de un patio emparrado con porche y barbacoa.

Huete posee un rico patrimonio histórico y cultural, con sus restos de antiguas culturas, tres museos y las fiestas tradicionales de los barrios judío y morisco. En la comarca se pueden emprender rutas de senderismo y bicicleta de montaña con un circuito permanente.

Huete

Casa Gabriela
Tel.: (969) 37 21 50
Mayor, 18
16500 Huete, Cuenca
Habitaciones: 3 dobles y 2 individuales

Precios: habitación doble 4.200 Pta., fin de semana 33.600 Pta.
Propietaria: Gabriela Mora Mochales

Huete es el pueblo de mayor población de la Alcarria conquense con 1.900 habitantes y, además, ostenta el honor de ser un importante núcleo cultural con sus tres museos: Arte Sacro, Arte Contemporáneo Florencio de la Fuente y el Etnográfico. Su patrimonio artístico y cultural queda reflejado en los restos de la antigua Opta, su fortaleza y murallas árabes, las minas romanas de La Mudarra, la iglesia de Santa María de Atienza del siglo XIII o el convento de la Merced, actual ayuntamiento, del siglo XVII.

La casa, de más de 200 años de antigüedad, está situada en el centro de la población. Se distribuye en tres plantas y ha sabido conservar los antiguos artesonados de madera y el mobiliario antiguo y popular. En la planta baja se encuentra el comedor y la sala, cocina, patio, un servicio y la antigua cuadra rehabilitada como bodega. En la primera dispone de un dormitorio individual y uno de matrimonio, con un baño y una terraza sobre el patio. La superior ofrece una habitación doble, una individual y una de matrimonio en la antigua buhardilla, con un baño completo.

En el paraje de Los Cosos, a 3 kilómetros de Huete, se halla el aeródromo, donde se puede volar en ultraligero.

Arbucies

Can Nan Vila **Tel.:** (972) 86 00 07 17041 Arbucies, Girona **Habitaciones:** 4 dobles	**Precios:** habitación doble 2.500 Pta. **Propietario:** Josep Reus Palau

El macizo del Montseny, cubierto por densos bosques, esconde entre su follaje masías de siglos pasados, algunas de ellas reconvertidas para dar alojamiento al visitante. Es el caso de esta residencia al estilo casa de payés, situada dentro de los límites del parque natural del Montseny. Para acceder a ella hay que seguir, después de Arbucies, casi 7 kilómetros por la carretera de Viladrau (GI-543) hasta encontrar un indicador del parque natural, a la izquierda, desde donde parte el camino que conduce a Can Nan Vila.

Esta masía del siglo XVII, ubicada en una finca de 34 hectáreas y granja propia, conserva la estructura original: paredes de piedra vista y granito en los refuerzos. Ofrece en su interior un salón con chimenea, comedor y cuatro habitaciones dobles con dos baños, agua caliente, calefacción y teléfono. La cocina está equipada para que los clientes preparen su propia comida al fuego de la chimenea tradicional.

En la granja y huerto propios pueden verse cerdos, ovejas, conejos, gallinas y, además, adquirir productos de la huerta. La zona es ideal para los amantes del excursionismo, a pie, en bicicleta o a caballo, por la sierra del Montseny —Turó de l'Home, Matagalls y Turó de les Agudes— y de las Guilleries —Sant Miquel de Solterra y Sta. Barbara—.

Argelaguer

Mas Espuella
Tel.: (972) 68 74 57/68 71 58
17853 Argelaguer, Girona
Habitaciones: 7 dobles con baño

Precios: habitación doble 6.100 Pta.
Propietario: Joan Vila Dorca

La Garrotxa es una comarca que geográficamente se sitúa en una zona de transición entre el llano y la montaña, caracterizada por sus numerosas sierras y bosques, con un clima mediterráneo de montaña húmeda que proporciona unas temperaturas benignas todo el año. De entre su rico patrimonio destacan las más de 100 iglesias de estilo románico que salpican todo el territorio.

Se encuentra esta masía pairal del siglo XVIII en la Alta Garrotxa dentro de la cuenca del río Fluvía.

Sorprende su planta cuadrada de grandes dimensiones, recubierta de piedra, remozada y rodeada de verdes prados. Ya en su interior, un gran *hall* decorado, de tono azulón, da paso a un inmenso salón de techo abovedado, que tiene su réplica en la primera planta. Alrededor de este último se distribuyen las confortables habitaciones con vistas a las sierras cercanas.

Sus propietarios organizan exposiciones, fieles a la tradición pictórica de la prestigiosa Escuela de Dibujo de Olot. Una amplia cocina permite a sus dueños elaborar platos típicos de la *cuina casolana*, dentro de un ambiente familiar.

Se puede visitar, entre otros lugares, el santuario del Guilar, a 3 kilómetros.

Beuda

Mas Salvanera
Tel.: (972) 59 09 75
17850 Beuda, Girona
Habitaciones: 7 dobles y 1 individual

Precios: 4.000 Pta., por persona
Propietario: Ramón Ruscadella

Desde el pueblo de Maiá de Montcal y tras recorrer 1.600 metros rodeados por un paisaje de campiña, salpicada de bosques, cultivos y masías, donde destaca su gran valor zoológico y botánico, se accede a esta masía del siglo XVII de grandes dimensiones, envuelta en piedra y teja árabe.

Sus dueños, dedicados a la actividad agrícola y ganadera, saben cuidar con mimo al viajero que llega a alojarse en sus ocho confortables habitaciones. Todos los rincones de la casa han sido cuidadosamente decorados con mobiliario y utensilios tradicionales. Dispone de espaciosos y cómodos salones, cuatro chimeneas y amplio comedor donde degustar los productos típicos de la zona.

Para los visitantes en época de baño Mas Salvanera ofrece una gran piscina para hacer más llevadero el rigor estival o, si así lo prefiere el cliente, disfrutar de un buen libro sentado bajo la sombra de los olivos.

Se puede practicar el senderismo por las sierras cercanas o realizar excursiones a los parques naturales de la zona volcánica de la Garrotxa y de los Aiguamolls, a unos 30 kilómetros. Destacan las poblaciones turísticas de Banyoles con su lago y el museo Antropológico y, Figueres, con el museo Dalí.

La Mota

Can Comes
Tel.: (972) 59 45 98
Creixent
17842 La Mota, Girona
Habitaciones: 7 dobles y 1 individual
Precios: 6.000 Pta., precio medio (incluye asistencia médica)
Propietario: Hygea S.C.C.L.

Las tierras cercanas al lago de Banyoles reciben el nombre de Pla de L'Estany. Ubicadas entre los valles del Fluvía y Ter, de ricos suelos y abundante agua, son extraordinariamente fértiles para la agricultura y ganadería. En la comarca se alternan los espacios cultivados con los bosques compuestos por pinos, encinas, brezos y romeros, que son recorridos por canales de agua que nacen del lago.

Esta tradicional masía del siglo XVI, con amplio jardín y piscina, permite disfrutar del silencio y relax que ofrecen sus instalaciones equipadas con muebles rústicos en sus salones con chimenea y en las ocho habitaciones, tres de ellas con baño, después de haber recibido un masaje naturista.

La oferta de servicios y actividades van desde un quiromasaje, acupuntura, baños de arcilla, clases de estiramientos y danza, a una visita al huerto y a una granja con vacas, gallinas, pavos y palomas, que abastecen de leche y huevos sus comidas. Todos los servicios están incluidos en el precio, excepto los masajes que suponen un suplemento de 4.000 Pta.

La cercana población de Banyoles ofrece la posibilidad de realizar actividades deportivas en su lago o una visita a su famoso museo Antropológico.

Llampaies

Can Gat Vell
Tel.: (972) 79 42 85
Puig, 3
17465 Llampaies, Girona
Habitaciones: 3 dobles y 3 casas independientes con 1, 2 y 3 dobles
Precios: habitación doble 6.500 Pta. (incluye desayuno), casas de 12.000 a 16.000 Pta.
Propietario: Joan Ventura y Ferrats

Figueres es la referencia obligada para la comarca del L'Alt Empordá, situada sobre una llanura aluvial formada por los ríos Muga y Fluviá, que desembocan en el cercano golfo de Roses. La zona goza de la influencia cercana del Mediterráneo con unas temperaturas medias anuales de 15º.

A la salida del pueblo, en un entorno lleno de naturaleza, se encuentra esta masía del siglo XIV, totalmente restaurada al estilo tradicional, decorada y amueblada con enseres antiguos. Su oferta principal se encuentra en el pequeño restaurante de cocina de temporada. Permite la posibilidad de alojarse en familia o en grupo en los tres núcleos independientes, con capacidad para dos, cuatro y seis personas respectivamente. Dispone de sala de juegos con billar y salones independientes para los huéspedes.

Los días pueden transcurrir al borde de la piscina, o bien acercarse a tomar un baño en el mar, a tan sólo 15 kilómetros. Los núcleos arqueológicos de Empúries y de Roses, y el mítico monasterio de Sant Pere de Rodes merecen una visita. El museo Dalí se encuentra a escasos 20 kilómetros.

Vega de San Mateo

El Vinco **Tel.:** (928) 66 16 68 La Lechuza, s/n 35329 Vega de San Mateo, Gran Canaria	**Habitaciones:** 2 dobles y 1 de cuatro plazas **Precios:** casa completa 12.000 Pta. **Propietarios:** Ifedir, S.L.

Vega de San Mateo es un municipio situado en el centro de la isla, cerca de los parajes naturales de Camaretas, Hoya de Gamonal y del parque rural del Nublo. El entorno, sumamente acogedor, es rico en vegetación y en los contrastes paisajísticos característicos de Gran Canaria. La vivienda está enclavada a 850 metros de altitud.

El Vinco responde al arquetipo tradicional de la casa solariega campesina canaria, con una antigüedad cercana a los 300 años. El mobiliario ostenta, desde hace 40 años, la referencia obligada a los modelos propios de este tipo de viviendas. Además de las tres habitaciones dispone de salón comedor, terraza, dos balcones y un jardín de 400 metros cuadrados con hermosas plantas. Para el recibimiento de los clientes la vivienda se sirve de las flores del jardín y fruta del tiempo.

En la casa se organizan actividades de senderismo, bicicleta de montaña y rutas a caballo que incluyen guía, comida y seguro. Aparte, se puede practicar golf a 15 kilómetros, natación en una piscina situada a 8, o en la playa, a unos 20 kilómetros aproximadamente.

Belerda del Guadix

Tajo del Pollo
Tel.: (958) 27 31 10/69 61 14
18500 Belerda del Guadix, Granada
Habitaciones: 2 dobles y 2 triples

Precios: casa completa 10.500 Pta., semana 50.000-70.000 Pta.
Propietario: José Antonio García

Belerda de Guadix está situada en un pequeño valle, *abrazada* por paredes verticales —recuerda al cañón del Colorado— y desemboca en la Hoya de Guadix. Contrastan los torrentes que consiguen un paisaje desértico y los chopos, con un verdor intenso en verano y con tonos ocres bucólicos en otoño. No lejos de allí está la comarca del Marquesado con un relieve de corte alpino. Si se abandona esta comarca por una de sus carreteras llegaremos al puerto de la Ragua, con aceptables pistas de esquí de fondo.

La cueva, que data de principios de siglo, fue creada de forma artesanal con un pico y cientos de horas de trabajo. En la rehabilitación se ha mantenido la atmósfera particular de la cueva al combinar el mobiliario y la decoración de época con su arquitectura. Se ubica en el extremo oeste del pueblo y ofrece salón, cocina, baño y las cuatro habitaciones.

Se puede practicar senderismo y visitar los parques naturales de la sierra de Huertor, a 20 minutos, de Baza, a 30, y de Castril a una hora. A esta distancia se encuentra Sierra Nevada y, en Guadix, hay que ver el barrio de cuevas, el palacio de Peñaflor y la alcazaba árabe.

Galera

Cuevas de Galera
Tel.: (958) 73 90 68
18840 Galera, Granada
Habitaciones: casas de 2, 3 y 4 habitaciones

Precios: casa completa 4.000-10.500 Pta.
Propietario: Miguel Rodríguez

Galera es un pequeño pueblo situado al norte de la provincia, geográficamente céntrico entre las sierras de La Sagra, el parque natural de Baza, el de Castril, la sierra de Cazorla y de María en Almería, en el valle de dos ríos, donde abundan restos de civilizaciones —yacimiento argárico y la necrópolis ibero-romana de Tútugi— . La calidad de la tierra permitió a sus antepasados excavar estas cuevas donde vive gran parte de la población. Las casas-cuevas son impermeables, con una temperatura constante, siendo cálidas en invierno y frescas en verano.

La estancia mínima es de dos días y todas disponen de salón-comedor con chimenea de leña, cocina y baño.

En el mesón-bodega La Zalona se pueden degustar platos como la *lata al horno*, cangrejos de río, *andrajos*, crespillos y tortas, todo ello acompañado del vino que elaboran artesanalmente en la propia bodega. También se pueden hacer excursiones a pie o en burro, con o sin guía. Disponen de diez rutas turísticas alternativas para disfrutar de la naturaleza así como de su evidente patrimonio cultural.

La Tahá-Pitres

Prado Toro
Tel.: (958) 34 32 40/76 31 64
18414 La Tahá-Pitres, Granada
Habitaciones: 4 apartamentos con una habitación
Precios: habitación doble 7.500 Pta., semana 39.000-52.000 Pta.
Propietarios: Maite y Ludwig

El cortijo Prado Toro está situado en la Alpujarra, dentro del parque natural de Sierra Nevada, a una altitud de 1.400 metros. A él se accede por un camino forestal y está enclavado a 10 minutos de tres municipios: Bubión, Capileira y Pitres. Se orienta hacia el sur, con amplia panorámica, llegando a verse el mar y las montañas de África en los días claros.

La construcción del cortijo es reciente, aunque guarda rigurosamente el estilo arquitectónico alpujarreño. Está rodeado de jardines con fuentes y estanque. Consta de cuatro apartamentos con capacidad para 16 personas y una planta media privada. Toda la carpintería es manual, con techos enteros de madera; en la decoración se han utilizado muebles típicamente alpujarreños.

Los clientes pueden pasear por todo el cortijo —alrededor de 7 hectáreas con monte de encina— y disfrutar de la piscina redonda, convenientemente retirada de los apartamentos. Además, también pueden hacer senderismo, rutas de alta montaña a pie o en Land Rover, paseos a caballo y alquilar bicicletas.

Loja

Cortijo El Cachete	**Precios:** día por persona
Tel.: (950) 34 86 99	2.900 Pta.,
18300 Loja, Granada	semana 17.500 Pta.
Habitaciones: 6 dobles	**Propietario:** Rodolfo Kadner

El cortijo está ubicado cerca de la sierra de Loja, con un paisaje bético de alta montaña mediterránea y poblado de olivares. Loja está cerca de pueblos como Priego de Córdoba, Rute, Antequera, Cabra y Archidona, con pleno sabor andaluz.

El Cachete está a 17 kilómetros de Loja, en pleno campo, restaurado de acuerdo con la arquitectura típica de la zona, con maderas antiquísimas y con muebles rústicos propios de la comarca. En una parte de la vivienda residen los propietarios y, la otra, se ha dedicado al turismo rural. Todas las habitaciones tienen baño, terraza, jardín, chimenea y un salón de 85 metros cuadrados. Los dueños cultivan un huerto ecológico y también se dedican a la cría de jabalíes, ciervos y muflones. Estos animales pueden ser observados por los clientes si así lo desean.

Otras actividades de ocio que pueden practicarse son el senderismo, las rutas y excursiones. En todos los pueblos de alrededor se venden cestos de esparto y porcelana granadina. Además, para todos aquellos que disfrutan con las actividades acuáticas disponen de playas a una hora escasa y pesca de truchas a 8 kilómetros en el coto intensivo de río Frío. En el cortijo se degustan las mejores carnes, mermelada casera y verduras de la finca.

Orce

Casa Cueva Laveranda
Tel.: (958) 34 43 80
Fuentenueva
18858 Orce, Granada
Habitaciones: 11 habitaciones

Precios: día por persona y desayuno 2.800 Pta., casa completa 7.500-10.000 Pta.
Propietario: Ismael Rodríguez

El paisaje, de abundantes relieves suaves, ofrece un curioso espectáculo de efectos de luz y un poderoso contraste de colores entre dos paredes desérticas y el típico verdor de las vegas labradas. La comarca es riquísima en yacimientos arqueológicos y paleontológicos que han permitido estudiar algunos de los restos humanos más antiguos de Europa. El museo de Orce recoge una buena parte de los hallazgos.

La casa, totalmente excavada en la roca, comprende varias cuevas, con 11 habitaciones y salones, algunos de ellos muy espaciosos. El mobiliario utilizado es el resultado de una esmerada selección de piezas que Ismael, a lo largo de muchos años, ha ido coleccionando y transformando este alojamiento en un auténtico museo.

Muy próximos a la casa-cueva se encuentran cuatro parques naturales: sierra de María, La Sagra, Baza y Castril, donde se pueden visitar diferentes ecosistemas.

Algunas actividades que se pueden realizar utilizando esta casa-cueva son el parapente, el turismo ecuestre, los recorridos en bicicleta de montaña, el senderismo y el disfrute de un baño termal.

Aia

Agote Txiki
Tel.: (943) 13 37 49
Barrio Elcano
20800 Aia, Gipuzkoa
Habitaciones: 4 dobles

Precios: habitación doble 4.500-5.500 Pta.
Propietarios: Gemma de Andrés y José Aizpurua

En el término municipal de Aia se encuentra enclavado el parque de Pagoeta, con una extensión de 1.200 hectáreas, que cuenta con una amplia gama de valores patrimoniales de gran interés, tanto ecológico y paisajístico como antropológico y etnográfico. Una serie de monumentos megalíticos, túmulos y dólmenes, hablan de la intensa actividad pastoril que debió existir en la zona a lo largo de la Edad de Bronce y del Hierro.

En el barrio Elcano se sitúa esta casa aislada, que según la leyenda popular, es vecina de la casa en la que nació Juan Sebastián Elcano. El caserío, con vistas al mar, cuenta con cuatro habitaciones dobles con baño en la primera planta y sala de estar-cocina-comedor con entrada independiente para los huéspedes. Los dueños del caserío cultivan fresas, setas y crían pollos. También sirven desayunos y venden sus productos.

La vivienda permite la práctica de diversos deportes debido a su proximidad a la playa y el mar —7 kilómetros— . Es aconsejable visitar el complejo Ferrón-Molinero de Agorregi, ubicado en la confluencia de los ríos Mendik y Giltza-Iturri, constituido por una antigua ferrería, sus presas, canales, anteparas y dos molinos.

Alkiza

Lete
Tel.: (943) 69 12 64
20494 Alkiza, Gipuzkoa
Habitaciones: 5 dobles
Precios: habitación doble 3.500-4.500 Pta., desayuno 300 Pta.
Propietario: José Ignacio Gorostidi

Alkiza es un pueblo pequeño a 400 metros sobre el nivel del mar, dedicado a las labores propias de los caseríos: ganadería y agricultura. Está enclavado en una zona montañosa con frondosos bosques, a dos horas andando desde el monte Ernio, a 25 kilómetros de San Sebastián y a 13 del parque natural de Pagoeta.

Es un antiguo caserío del XVII declarado Patrimonio-Histórico. Han conservado la estructura de madera y todos los muebles antiguos han sido restaurados. Tiene cuatro plantas; en la primera tienen ganado, en la siguiente viven los propietarios y, en la tercera, alquilan cinco habitaciones dobles, dos de ellas con baño, y las otras tres con un baño compartido y una amplia sala de estar para los huéspedes. En la entrada los dueños de la casa tienen huerta. Además hacen sidra y venden los productos propios de la explotación.

Se puede hacer senderismo por la zona y, a 6 kilómetros, en Zizurkil, alquilan caballos. En el parque natural de Pagoeta surge la posibilidad de visitar un molino antiguo, en funcionamiento en época estival.

A 6 kilómetros está la famosa localidad de Tolosa, conocida por sus ferias y alubias.

Berastegui/Berastegi

Baztarretxe
Tel.: (943) 68 33 86/68 34 90
20492 Berastegui,
Gipuzkoa
Habitaciones: 6 dobles

Precios: habitación doble 4.000 Pta., desayuno 350 Pta., derecho a cocina 500 Pta.
Propietarios: Kontxi y Luis Azpiroz

Los 500 años de antigüedad que tiene este caserío se observan, sobre todo, en sus maderas restauradas y en la antigua prensa de la sidra o *tolar*.

La familia de los propietarios llegó aquí procedente de Navarra en 1684 y desde entonces se han dedicado a la agricultura y ganadería, ofreciendo a los visitantes los productos de la explotación, que éstos pueden cocinar en una moderna y bien equipada cocina. Todas las habitaciones tienen baño y la casa dispone de una sala de estar, amplio comedor y calefacción.

La zona de Berastegui está rodeada de montes y permite unos bellos paseos convenientemente señalizados en folletos. La ascensión a la ermita de San Lorenzo es una agradable excursión que comprende desde el caserío hasta su altura de casi 800 metros; desde aquí al alto de Ipuliño hay 930 metros.

Otro itinerario cercano e interesante es el del antiguo ferrocarril del Plazaola, que desde Pamplona llegaba a San Sebastián y recorría estos valles por la zona navarra cercana a Berastegui.

Fuenterrabía/Hondarribia

Arotzenea
Tel.: (943) 64 23 19
20280 Fuenterrabía,
Gipuzkoa
Habitaciones: 5 dobles

Precios: habitación doble 8.000-5.000 Pta., desayuno 500 Pta.
Propietaria: Genoveva Mitxelena

Debajo del monte Jaizkibel, en la parte alta del barrio de Amute, se encuentra esta antigua edificación tradicional vasca, perfectamente restaurada. Desde su emplazamiento se contempla una magnífica vista de las montañas que rodean la comarca, de Larun a Peñas de Aia.

El caserío cuenta con un bello jardín y un sombreado porche donde se sirven los desayunos. Las cinco habitaciones dobles cuentan con baño. Dispone también de sala de estar, TV en las habitaciones y calefacción central. Los precios de este alojamiento son los más elevados del agroturismo vasco, aunque lo ofrecido sea semejante a otros de la localidad.

Desde esta ladera del Jaizkibel se puede seguir la ruta de los molinos a partir del Goiko Errota, muy próximo a la casa, pasando por Erdeki Errota, hasta llegar al famoso restaurante Beko Errota.

El campo de golf está muy próximo y por la ermita de Santiagotxo atraviesa el Camino de Santiago, que es un GR señalizado.

La playa, los deportes náuticos y la gastronomía son las otras posibilidades de recreo de esta localidad.

Fuenterrabía/Hondarribia

Iketxe
Tel.: (943) 64 43 91
20280 Fuenterrabía, Gipuzkoa
Habitaciones: 5 dobles

Precios: habitación doble 5.000-6.000 Pta.
Propietario: Patxi Arroyo

En la parte alta de Fuenterrabía, en el barrio de Armite, cerca de la ermita de Santiagotxo, se encuentra esta casa.

Su propietario partió de un simple prado, de unas magníficas vistas sobre el pueblo y, con su buen gusto y trabajo personal edificó un moderno caserío con todos los detalles de una casa tradicional. El empleo de la madera le confiere un encanto especial, lo mismo que los viejos muebles, escogidos con esmero y estilo.

La casa dispone de cinco habitaciones dobles con baño, salón comedor, porche y jardín, además de calefacción central.

Cada habitación reúne un detalle exclusivo y, dos de ellas, comunican a un acogedor porche repleto de plantas. El gusto de su propietario se encuentra también en los desayunos, en los que aprovecha los frutos de su bien surtida huerta para satisfacer todo tipo de paladares.

Fuenterrabía cuenta con todos los atractivos para una agradable estancia. La playa, la montaña y la proximidad de la vecina Francia completan una sugerente oferta.

Fuenterrabía/Hondarribia

Maidanea
Tel.: (943) 64 08 55
Apartado 258
20280 Fuenterrabía,
Gipuzkoa
Habitaciones: 5 dobles, una de ellas adaptada para minusválidos
Precios: habitación doble 5.000-6.000 Pta., desayuno 400 Pta.
Propietarios: Ignacio Amiano y Rosa María Ugarte

Este caserío situado en la zona de Arkoll, sobre el barrio de Amute, siguiendo el río Jaizubia, es una explotación ganadera de 27 hectáreas, con ganado vacuno ajeno al alojamiento. Consta de cinco habitaciones dobles con baño, salón comedor con chimenea, cocina para los huéspedes, una habitación adaptada para minusválidos, calefacción, huerta y jardín.

El caserío, perfectamente reconstruido, está rodeado de jardín y extensos prados. Además posee un edificio anexo, y en él, una cocina con salón y una habitación perfectamente equipada para minusválidos.

Sus propietarios se dedican con todo cariño a atender a sus huéspedes, a los que ofrecen productos del caserío.

Hondarribia, que cuenta con puerto y barrio de pescadores, se encuentra a pocos minutos. En dicha localidad existe una empresa que organiza actividades de ocio y deporte, como hípica, golf, tenis y otros deportes.

No se debe olvidar la fiesta de la Virgen de Guadalupe, el 8 de septiembre.

Itziar Lastur

Goikola
Tel.: (943) 19 90 82
20829 Itziar Lastur, Gipuzkoa
Habitaciones: 6 dobles

Precios: habitación doble 3.000-3.500 Pta., desayuno 350 Pta.
Propietarios: José Manuel Pascual y Carmen Esnaola

Desde Deba, el curso del río toma un empalme que conduce hacia Lastur y, ascendiendo por el río Gastañegi, se halla este caserío con nombre de ferrería.

El caserío dispone de 30 hectáreas de pasto para las 120 ovejas que cobija en corrales separados de la vivienda. La instalación del alojamiento está en la parte posterior del caserío, desde la que se divisa el valle. Dispone de seis habitaciones dobles con tres baños, dos cocinas, sala de estar y calefacción eléctrica.

Los propietarios instalados en el campo desde hace décadas cuidan del ganado, elaboran el queso en una moderna instalación y Carmen, la propietaria, teje la lana de sus ovejas, impartiendo cursillos sobre el buen uso del telar.

Los productos caseros abundan y es una delicia la *mamiya* que elaboran los propietarios. En la zona existe la posibilidad de practicar senderismo y escalada. Además, para los que quieran disfrutar del mar, la playa se encuentra a tan sólo10 kilómetros.

En Lastur hay dos molinos y en Agiro se imparten clases de cerámica en el taller del escultor Marino Plaza.

Motrico/Mutriku

Koostei
Barrio de Artzain Erreka
Tel.: (943) 58 30 08
20830 Motrico, Gipuzkoa
Habitaciones: 2 dobles con baño y 2 con baño compartido.

Precios: habitación con baño 4.000 Pta., sin baño 3.500 Pta., desayuno 300 Pta.
Propietarios: Esther Legarda y José Antonio Díaz Gauna

Caserío situado a 5 kilómetros de Motrico, en dirección a Ondarroa, si se sigue el camino a la izquierda que sube al barranco de Artxain. Para los amantes de la soledad este lugar ofrece muchas posibilidades.

La cuidadosa restauración de sus habitaciones y el trato familiar de los propietarios garantiza una acogedora estancia. La casa dispone de cocina-comedor, sala de estar, y calefacción.

Pueden realizarse actividades ecuestres, ya que José Antonio cría y cuida sus caballos, con los que realiza excursiones por toda la comarca. Su alquiler cuesta 1.500 Pta./hora. La zona está surcada por varios caminos ideales para la práctica del senderismo. A esto hay que unir que, para los que quieran disfrutar de la playa, ésta se encuentra a 5 kilómetros.

El ambiente aislado pero acogedor es su mayor atractivo, junto a la cría caballar que se realiza en este caserío con nombre de acebo.

Orio

Aizperro
Barrio de San Martín
Tel.: (943) 83 54 19
20810 Orio, Gipuzkoa
Habitaciones: 6 dobles con baño

Precios: habitación doble 4.500-5.000 Pta., desayuno 350 Pta.
Propietaria: Mª Isabel Balerdi.

Este caserío es un ejemplo de la laboriosidad vasca. El matrimonio con sus cinco hijos explotan la instalación, que cuenta con ganado vacuno y lanar así como con 1.300 manzanos. También elaboran la sidra y mantienen el restaurante. Las dos hijas, Jone y Nerea, ayudan a su madre en la cocina y acompañan con el acordeón en las veladas de verano. Un hijo rema en la trainera de Orio, compaginando la mar y el caserío. El restaurante ofrece la gastronomía de la zona, con pescados a la brasa y chuletón asado.

El alojamiento, alejado del rumor del restaurante, se sitúa en las plantas superiores, sobre la explotación agrícola.

Los amantes del mar podrán disfrutar de la playa, situada a 1,5 kilómetros. También representan un cierto interés los paseos por los caminos de la costa que pueden acercar al caminante hacia San Sebastián. El camino que sigue la ría también posee una especial belleza.

La pesca y los deportes náuticos son un complemento a la vida diaria del caserío.

Régil/Errezil

Izarre
Tel.: (943) 81 35 24
20737 Régil,
Gipuzkoa
Habitaciones: 6 dobles

Precios: 4.000-5.000 Pta., desayuno 350 Pta., pensión alimenticia 3.000 Pta.
Propietarios: Rafael e Inés Aramburu

Caserío rehabilitado que incluye la vivienda de los propietarios, la instalación de agroturismo con seis habitaciones dobles con baño, salón de estar y calefacción, restaurante, cuadras para caballos, sidrería y edificios de uso ganadero. Comprende una superficie de 12 hectáreas y una piscina.

El pequeño restaurante brinda la posibilidad de dar pensión completa a los huéspedes. En la planta superior o *mandio* observamos una bella sala de estar que completa las bien instaladas habitaciones con teléfono y TV.

La huerta y la explotación ganadera ofrecen productos a la cocina que elabora platos tradicionales con un cierto refinamiento.

La hermosa vista sobre el pueblo de Errezil y el valle reúne un importante atractivo. Se puede practicar senderismo y la instalación se encuentra a media hora de la playa y a 45 minutos de San Sebastián.

Los caballos de los que dispone el caserío están a disposición de los huéspedes y las excursiones a la cima del monte Ernio son muy agradables.

Rentería

Añarrezarra
Tel.: (943) 52 37 51
Barrio de Zamalbide
20100 Rentería, Gipuzkoa
Habitaciones: 4 dobles con baño

Precios: habitación doble 4.000-5.000 Pta., desayuno 350 Pta.
Propietaria: Maritxu Albistur.

Para llegar al caserío se ha de tomar la carretera que, a la entrada de Rentería, conduce hacia Astigarra; finalmente, a 1 kilómetro se levanta, a la izquierda, un puente que lleva directamente al caserío. Situado en una explotación agropecuaria de 22 hectáreas, se dedica al ganado vacuno y lanar. El caserío, perfectamente restaurado, ofrece una bella vista sobre el espacio natural protegido de Aiako Harria —Peñas de Aia—, de 6.105 hectáreas. La zona posee monumentos megalíticos así como las cuevas de Landarbaso.

El caserío permite conocer la actividad ganadera tradicional y saborear sus productos típicos, tales como la leche, el queso y la *mamiya* o cuajada de oveja. En la época de la sidra —febrero y abril—, la zona posee el atractivo de saborear este producto en los lugares de elaboración, cercanos a la casa, como inmejorable complemento al chuletón y a la tortilla de bacalao.

La casa, que cuenta con cocina, sala de estar y calefacción central, se encuentra frente al fuerte de San Marcos y cerca del caserío del famoso *bersolari* Xempelar.

San Sebastián/Donostia

Aristondo
Tel.: (943) 21 55 58
20190 Barrio de Igeldo, Donostia
Habitaciones: 4 dobles con baño

Precios: habitación doble 4.000-5.000 Pta., desayuno 300 Pta.
Propietario: Luis Francisco Lizarralde

Desde la plaza del barrio de Igeldo se toma un camino que, tras un descenso, llega a la casa. El alojamiento está situado fuera del caserío tradicional, en lo que era una instalación agrícola. Las cuatro grandes habitaciones dan a una amplia terraza desde la que se divisa San Sebastián.

El encanto de este caserío se encuentra en su situación —a cinco minutos de San Sebastián—, rodeado de bosques y dentro de una explotación de agricultura biológica en invernadero. Sus propietarios se dedican al cultivo de verduras poco conocidas de alta calidad, así como a la producción de hierbas y condimentos vegetales, que también ofrecen a los huéspedes junto con otros productos procedentes de los caseríos próximos.

Toda la oferta de San Sebastián está al alcance de la mano del visitante de Aristondo, que desde su privilegiada posición contempla a esa bella ciudad.

Castaño del Robledo

Huerta Fernandito **Tel.:** (908) 36 49 13 (950) 26 50 18 21369 Castaño del Robledo, Huelva	**Habitaciones:** 2 **Precios:** fin de semana 30.000 Pta. **Propietario:** Luis Vázquez

*C*astaño del Robledo está ubicado dentro de un bosque de castaños, chopos y alcornoques. Es el pueblo más alto de la sierra de Aracena, situada entre Huelva, Sevilla y Badajoz. Es sierra verde y húmeda con arbolado que cubre todas las montañas, famosa por los jamones de Jabugo, chacina y la producción de castañas y manzanas ecológicas. Los pueblos de la zona conservan la arquitectura típica tradicional con suelos empedrados.

Esta casa de campo de nueva construcción, con ventanas, techos, escalera interior y porche de madera, tiene una pequeña huerta con un río que forma una cascada cuando llueve, salón con chimenea, cocina, baño y alberca grande de piedra. La dueña espera a los clientes en la propia casa para informarles sobre todo aquello que necesiten.

Para los amantes del ocio activo se les ofrece una serie de actividades: tenis —a 10 minutos una pista municipal—, alquiler de caballos en el Castaño, senderismo por rutas marcadas convenientemente, baños en la alberca y comprar productos derivados del cerdo, famosos por su calidad.

Fuenteheridos

Vista Hermosa
Tel.: (95) 452 75 82
(959) 12 51 22
Cruz, s/n
21292 Fuenteheridos, Huelva

Habitaciones: 3 dobles y 1 individual
Precios: habitación doble 7.500-12.500 Pta.
Propietaria: Rosario Panduro

Fuenteheridos se halla enclavado en un lugar estratégico de la comarca conocida como sierra de Aracena y Picos de Aroche, en pleno centro del parque natural y a unos 40 kilómetros de la frontera con Portugal, en las estribaciones occidentales de Sierra Morena.

La casa está situada en un lugar muy tranquilo del pueblo, en la parte más alta que denominan El Castillo, rodeada por un jardín de unos 500 metros cuadrados arbolado y con aparcamiento. Ofrece tres habitaciones dobles, una individual, cocina, dos baños, salón de invierno con chimenea y dos ventanas grandes al jardín, salón de verano y montera-mirador acristalada a la que se accede desde la casa.

Se puede pasear por el bosque caducifolio de castaños que rodea el pueblo. De aconsejable visita son las grutas de las Maravillas de Aracena, a 9 kilómetros, y los pueblos de la comarca como Jabugo, Alajar y Castaño del Robledo entre otros, de gran encanto tanto por su arquitectura popular como por su gastronomía, representada por su jamón de Jabugo y toda clase de embutidos.

Ainsa

Casa El Hospital
Tel.: (974) 50 07 50
22330 Ainsa, Huesca
Habitaciones: 6 dobles

Precios: habitación doble 5.000-4.000 Pta.
Propietaria: Rosa Mª Lanau Marsal

Ainsa se sitúa en la confluencia de los ríos Ara y Cinca. Considerada de interés histórico artístico, conserva un atractivo conjunto medieval, donde destacan la plaza Mayor porticada, el castillo medieval del siglo XI y la iglesia de Santa María —siglo XII—, con cripta, claustro y torre. De la gran muralla que rodeaba la localidad quedan dos de sus principales puertas exteriores.

La casa, que recibe el nombre de un antiguo hospital que ocupaba el edificio, se encuentra situada en el centro del núcleo histórico. Restaurada a la manera tradicional, ofrece todas las comodidades de un alojamiento de calidad: habitaciones con baño, cocina con chimenea, salón, calefacción central y aire acondicionado. El mobiliario ha sabido recuperar antiguos muebles en todas las estancias.

La situación estratégica de Ainsa permite acceder a los valles pirenaicos de Broto, Vio, Pineta, Bielsa, Gistaín y Ordesa. En el embalse de Mediano se puede practicar piragüismo y windsurf. Son famosas sus fiestas de La Morisma, que se celebra cada dos años, el 14 de septiembre, para rememorar la victoria sobre los moros y la *carrera de la cuchara*: carrera a pie originaria de Ainsa a cuyo ganador se le obsequia con una cuchara de plata.

Almazorre

Casa Trallero
Tel.: (974) 34 30 61/31 45 58
22148 Almazorre, Huesca
Habitaciones: 2 dobles

Precios: habitación doble 2.500 Pta.
Propietario: Manuel Trallero

El paraíso de las simas, barrancos y cañones se encuentra al sur del Sobrarbe, en el parque natural de la sierra y los cañones de Guara, al que se accede desde las localidades de Bárcabo y Lecina. El parque natural guarda interesantes pinturas rupestres en las cuevas de Barfaluy y Mallata, así como dólmenes de la era neolítica en Ibirque, Belsué, Losa Mora y Almazorre.
En la calle de la iglesia parroquial —del siglo XII— se encuentra esta casa tradicional, con jardín a la entrada, que ofrece dos habitaciones dobles, una de ellas con cama de matrimonio y un baño a compartir. Dos chimeneas, una de ellas de hogar tradicional y otra económica, complementadas con radiadores de aceite, dan el calor suficiente en las épocas de frío. El equipamiento combina muebles de diferentes épocas, tanto antiguos como modernos. Se sirven comidas.

El Ayuntamiento de Bárcabo organiza excursiones por el parque natural de Guara en vehículo, a pie o a caballo, amén de visitas guiadas en verano para contemplar las pinturas rupestres. Para el descenso de barrancos, en la vecina localidad de Lecina, se puede alquilar todo el material necesario y contratar el servicio de un guía experto para practicar este deporte.

Ardanué

Casa Perich
Tel.: (974) 55 40 86
22728 Ardanué, Huesca
Habitaciones: 6 dobles

Precios: habitación doble 5.500-5.000 Pta.
Propietario: José Cierco Rosó

En la alta Ribagorza quedan todavía buenas muestras de lo que fue el bosque original, representado principalmente por arbolado caducifolio donde domina el roble, con sotobosques ricos en especies arbustivas: avellanos, pino albar, cornejo, cerecillo, el abundante boj y acebos. Las repoblaciones corresponden a pinares de pino silvestre. El entorno de los núcleos de población se sustituyó, desde tiempos inmemoriales, por los prados de forraje y los huertos familiares.

Para acceder a esta casa rural aislada hay que recorrer 4 kilómetros desde la carretera por pista de grava, en buen estado de conservación. Antes de la llegada se observa la casa, del siglo XV, rodeada de edificios aledaños de uso agrícola y ganadero,verdes prados, y una iglesia de estilo románico lombardo. El edificio es antiguo y conserva su carácter rural, tanto en el interior como en el exterior. Muebles antiguos equipan parte de las habitaciones y el salón comedor con chimenea. Cuatro de las habitaciones disponen de baño y otras dos, en la que destaca la antigua alcoba con magníficas vistas de los montes cercanos, tienen baño compartido.

La gastronomía es una parte importante de la oferta turística. En la amplia cocina, la abuela es la encargada de deleitar a los huéspedes con deliciosos platos de cocina tradicional.

Benasque

Casa Damián del Baile
Tel.: (974) 55 11 57
Horno, 5
22440 Benasque, Huesca

Habitaciones: 2 apartamentos
Precios: día 12.000 Pta.
Propietario: Manuel Mora Serena

El valle de Benasque se encuentra situado en el Pirineo Central, dominado por el pico de Aneto —3.400 metros—, acompañado por otros 11 *tres miles*. El río Esera recorre el valle, que mantiene su lengua propia, el *patués,* y una importante muestra de románico lombardo con numerosas ermitas e iglesias de los siglos X al XII. Benasque, la capital del valle, con un núcleo urbano de interés artístico, es punto de encuentro para los aficionados a la naturaleza y a los deportes de nieve.

Los apartamentos, situados en el centro del pueblo, junto a la iglesia, de construcción reciente, con fachada de piedra e interior todo de madera, están equipados con muebles nuevos de estilo castellano. Cada uno de ellos dispone de tres habitaciones con dos baños, cocina, comedor y patio de piedra, distribuidos en dos plantas y sobre ático. Los propietarios viven enfrente.

El esquí alpino se puede practicar en la estación invernal de Cerler. Para los que prefieran estar más en contacto con la naturaleza y practicar un deporte más relajado, en Los Llanos Hospital de Benasque se puede realizar esquí de fondo. Además de deportes de nieve son numerosas las empresas que ofrecen deportes activos en la naturaleza.

Boltaña

Casa Coronel
Tel.: (974) 50 21 54
22340 Boltaña, Huesca
Habitaciones: 5 dobles

Precios: habitación doble 3.000 Pta.
Propietaria: Victoria Pueyo

La antigua Boletania romana, de calles intrincadas y entrelazadas, esconde su patrimonio histórico de arquitectura popular y antiguas mansiones como la de Juan de la Corte, de 1573, su castillo románico del siglo XI y su iglesia gótico-aragonesa del XVI. Su sabor popular queda reflejado en su danza tradicional denominada El Palotiau.

Esta antigua casa dedicada al turismo rural se encuentra al lado de la iglesia parroquial. Restaurada en su totalidad, sus dueños ocupan la primera planta del edificio y reservan para sus huéspedes la segunda, donde se distribuyen tres habitaciones dobles y dos de matrimonio, todas con baño completo. El salón es de uso exclusivo para los huéspedes y la cocina está a disposición de los clientes.

La carretera N-260, que sigue el curso del río Ara, permite trasladarse con comodidad hasta Torla, una de las entradas al parque nacional de Ordesa y Monte Perdido, donde se pueden realizar más de 100 itinerarios para descubrir su rico patrimonio natural. Si se desea descansar del coche, desde Boltaña y siguiendo el curso del río Ara se puede caminar, rodeados de bosque de ribera, hasta la localidad de Jánovas.

Bonansa

Casa Farre
Tel.: (974) 55 40 46
22523 Bonansa, Huesca
Habitaciones: 2 apartamentos dúplex
Precios: día 7.000-8.000 Pta.
Propietaria: Gene Saura Parache

El valle del Isabena es cuna de la historia del Condado de Ribagorza y posee un patrimonio de excepcional importancia dentro del arte románico, donde destaca el monasterio de Obarra y la catedral de Roda de Isabena. En el término de Raluy y en medio de un paraje abrupto, se encuentra el monasterio de Santa María de Obarrra, fundado en el siglo IX. Destaca su planta basilical, los ábsides exteriores decorados y la portada principal de arco de medio punto. Al oeste se observan las ruinas del antiguo cenobio.

Las tranquilas calles de este pueblo de 60 habitantes invitan al descanso y a la contemplación del paisaje desde sus 1.256 metros de altitud. El edificio que alberga los dos apartamentos es de reciente construcción, con fachada de piedra vista. El salón comedor y cocina se sitúan en la planta baja; dos habitaciones dobles y baño ocupan la segunda planta. Uno de los apartamentos tiene una planta más abuhardillada, con una habitación de uso cuádruple con baño. Una charla con la amable propietaria, que vive al lado, orientará convenientemente al cliente en su estancia.

En el pueblo hay una casa de comidas caseras donde se podrá degustar alguno de los productos típicos de la matanza del cerdo o *matacia*, tales como los embutidos, el paté, la morcilla y el *confitat*.

Campo

Casa Mercedes
Tel.: (974) 55 00 44
Prior, 14
22450 Campo, Huesca
Habitaciones: 1 apartamento

Precios: apartamento por día 6.000 Pta.
Propietario: Joaquín Ballarín Canales

La zona de Campo se extiende entre el macizo del Turbón, a 2.912 metros y sierra Ferrera, un punto de partida hacia el valle de Benasque. Entre su patrimonio hay que destacar el puente románico y la ermita de San Belascuto.

La casa es antigua, rehabilitada, situada dentro del casco urbano de la población. En su interior, en la planta baja, hay un patio de piedra donde los propietarios han reunido los tradicionales utensilios de labranza.

El apartamento dispone de una cocina, con el hogar tradicional en la planta baja y comedor en la primera, y dos habitaciones dobles con un baño en la segunda.

Desde el pueblo se divisan las cumbres del Cotiella y del Turbón, en cuyas faldas se encuentra el balneario de Las Vilas del Turbón, con sus aguas beneficiosas para el hígado y el riñón. El río Esera, que pasa por la localidad, ofrece la posibilidad de un buen baño en los veranos calurosos. La bicicleta de montaña, por la pista de Campo a Santa Maura y el sendero que conduce al refugio de La Margalida, orientado con balizas permanentes, son el complemento ideal a las otras actividades de ocio.

Coscojuela de Sobrarbe

Casa del Lago
Tel.: (974) 50 00 12
22395 Coscojuela de Sobrarbe, Huesca
Habitaciones: casa unifamiliar de 11 plazas
Precios: fin de semana 37.000-55.000 Pta., semana 55.000-90.000 Pta.
Propietario: Pedro Miguel Bernard Rivera

Al sur de Ainsa el río Cinca embalsa sus aguas en el pantano de Mediano, que además de servir para actividades de ocio, proporciona en invierno un lugar de descanso para varias especies de aves marinas que descansan de sus migraciones. A la puesta del sol se observan los vuelos del ánade real, pato cuchara, cormorán y garceta.

Coscojuela de Sobrarbe es un pequeño pueblo de 23 habitantes situado en el borde del pantano, a 660 metros de altitud.

Desde las terrazas de esta antigua casa restaurada con estructuras tradicionales se contemplan hermosas vistas sobre el lago. La casa se alquila completa con sus seis habitaciones con tres baños, cocina comedor, hogar antiguo, gran salón y patio.

La proximidad del pantano permite la posibilidad de practicar el piragüismo y windsurf. En Gerbe, con el pantano de fondo, se realizan cursos y vuelos en ultraligero biplaza. Las excursiones a los núcleos de población de Ainsa y Alquézar, condiderados como monumento histórico artístico, son un atractivo cultural destacable. El parque natural de la sierra y los cañones de Guara constituye un marco ecológico incomparable para el visitante.

El Pueyo de Araguas

Casa Coronas
Tel.: (974) 34 10 25
22338 El Pueyo de Araguas, Huesca

Habitaciones: 2 dobles
Precios: habitación doble 3.000 Pta.
Propietaria: Antonia Juste

A 4 kilómetros al norte de Ainsa se encuentra este pequeño pueblecito de 45 habitantes. En un alto, a 700 metros de altitud, se integra en el paisaje con sus construcciones de piedra, envuelto en sus orígenes medievales. En los restos del monasterio de San Victorián —siglo IX—, situados en su jurisdicción, se encuentran los inicios históricos de Aragón; hoy, parte de sus elementos se pueden visitar en la iglesia parroquial de Boltaña.

Dentro del pueblo, se puede compartir con sus propietarios esta casa de construcción tradicional en piedra, rehabilitada para alojar a sus huéspedes en una habitación doble y otra de matrimonio, con un baño para las dos y, escuchar al calor de la chimenea, la amena charla de sus dueños sobre las costumbres e historias de estas tierras.

Destacan como actividades de ocio el ciclismo de montaña que se practica por las rutas que discurren por el barranco de Soto. Dicho accidente geográfico reúne las condiciones idóneas para la práctica del parapente y el ala delta. También se puede practicar el windsurf en el pantano de Mediano. Las propuestas culturales tampoco faltan, como una visita a la monumental Ainsa acompañada con algún plato de la cocina tradicional pirenaica, como son el cordero a la pastora o los chilindrones.

Espes Bajo

Casa Ariño
Tel.: (974) 34 40 56
(908) 83 24 04
22472 Espes Bajo, Huesca
Habitaciones: 3 apartamentos con 1 habitación doble cada uno
Precios: día 4.000 Pta.
Propietario: Ramón Castel Mora

El valle del Isabena se encuentra ubicado en la parte más nororiental de la provincia de Huesca, enmarcado entre los ríos Esera y Noguera Ribagorzana. Los núcleos de población, escasamente habitados y en altitudes superiores a los 1.000 metros, se distribuyen a lo largo de la cuenca del Isabena y en los valles adyacentes. El pueblo se encuentra a una altura de 1.300 metros, con una población de 25 habitantes.

Desde Castejón de Sos, a través de una pista forestal, se accede a la localidad. Los tres apartamentos que ofrece Casa Ariño se sitúan en una antigua casa rehabilitada de tres plantas. En cada una de ellas se distribuyen una habitación doble, baño y cocina-comedor, con calefacción. Uno de los apartamentos está equipado con muebles antiguos, y los otros dos, con mobiliario moderno, todos de madera. Los dueños viven enfrente.

En verano se elabora pan artesanal en un vetusto horno dentro de la casa. La comarca ofrece importantes recursos naturales para la práctica del montañismo, con servicio de guías para la ascensión al Aneto y recorridos a pie o en bicicleta de montaña por las sendas y caminos de herradura que unen los pueblos.

Fiscal

Casa del Arco
Tel.: (974) 50 30 42
22373 Fiscal, Huesca
Habitaciones: 5 dobles

Precios: habitación doble 3.800 Pta.
Propietario: Ronny Cornelissen

Este pequeño pueblo de 120 habitantes es paso obligado para llegar hasta Ordesa. En el parque nacional, de paisajes espectaculares y una fauna y flora diversa, se pueden observar el vuelo de las águilas y quebrantahuesos y, con un poco de suerte, advertir la presencia de bucardos como la cabra montanesa, sarrios —rebeco— y mustélidos como la marta, el armiño y la nutria, entre escenarios formados por lagos, cascadas y circos glaciares.

En el centro del pueblo, al lado del ayuntamiento y la iglesia, se encuentra esta casa de piedra blasonada con un escudo, que utiliza el antiguo zaguán, con suelos de piedra, como salón para los clientes. En la primera planta, tres habitaciones confortables con baño y mobiliario antiguo, completadas con otras dos con baño en la segunda, todas ellas con calefacción central.

En la localidad se puede obtener una licencia para pescar, entre marzo y agosto, la deliciosa trucha del río Ara. Para los cazadores, las dos reservas nacionales de Sobrarbe, Viñamala y Los Circos permiten la caza del sarrio o rebeco pirenaico. Si se desea andar o pasear en bicicleta de montaña, existen numerosos caminos de herradura y pistas, como la que conduce de Fiscal a Ganciás, que adentran al viajero en el espectacular paisaje pirenaico.

Gistaín

Casa Fontanil
Tel.: (974) 50 61 92
22367 Gistaín, Huesca
Habitaciones: 6 dobles
Precios: habitación doble con baño 4.000 Pta., habitación doble sin baño 2.800 Pta.
Propietario: Joaquín Palacín Castillo

La localidad es la de mayor altitud de los pueblos del valle de Gistaín, con sus 1.378 metros. El difícil acceso en épocas pasadas ha permitido la pervivencia de las más variadas tradiciones folclóricas, como los carnavales de Plan, Gistaín y San Juan de Plan y las danzas ancestrales de la rosca y la chigoleta. Son frecuentes las ermitas asociadas a parajes singulares como la de San Fabián en Gistaín o la famosa ermita de San Mamés, en San Juan de Plan.

Para acceder a esta casa hay que recorrer un pequeño tramo de pista. El edificio es de nueva planta. Se utilizó para su construcción las antiguas técnicas y los materiales autóctonos: piedra, ladrillo y madera. Se encuentra situada en un enclave de gran atractivo paisajístico y cuenta con tres habitaciones dobles con baño y otras tres dobles con baño compartido. El mobiliario es nuevo, de madera. Dispone de calefacción central y chimenea, con una terraza-comedor para el verano.

La naturaleza es el marco adecuado para desarrollar cualquier actividad de ocio: alpinismo, senderismo, espeleología, paseos a caballo desde Plan, descenso de barrancos.

Gistaín

Casa Zueras
Tel.: (974) 50 60 38
Moreras, 10
22367 Gistaín, Huesca
Habitaciones: 1 doble, 2 triples y 2 individuales

Precios: habitación doble 2.300 Pta., habitación triple 2.300 Pta., habitación individual 1.000 Pta.
Propietaria: Carolina Bruned

La cuenca del río Cinqueta configura el valle de Gistaín. Durante muchos años el valle se mantuvo aislado, debido a la gran dificultad en sus accesos, al tener que atravesar un difícil desfiladero, el de las Devotas y el paso de la Inclusa. Este aislamiento ha favorecido la conservación de un dialecto local, el *chistavino*, y el mantenimiento de costumbres.

La casa ha sido restaurada al estilo tradicional, con listones de madera por fuera que sustituyen al tabique y piedra repicada. A la entrada hay un portalón de madera con jardineras de piedra. Tres de las habitaciones están abuhardilladas. La cocina con chimenea es de hogar bajo, con derecho a ser utilizada por los huéspedes y la calefacción central es de leña. Se comparte con los clientes un salón comedor con TV y juegos. Los muebles son todos antiguos.

Se puede visitar el huerto y una granja con conejos, gallinas, pollos y una burra. Desde Gistaín se pueden realizar paseos y caminatas a pie y en bicicleta de montaña. En la zona hay dos lugares de despegue idóneas para la práctica del parapente: La Fueva y una loma situada sobre el pueblo.

Graus

Casa Los Nómadas
Tel.: (974) 54 04 25
Sacristía, 8
22430 Graus, Huesca
Habitaciones: 5 dobles

Precios: habitación doble 2.600 Pta.
Propietario: Andrés Castillo Martín

Graus se sitúa en la comarca del Bajo Esera, en la entrada al valle formado por el río Esera y la confluencia con el río Isabena. Actualmente es la capital de la comarca de Ribagorza. El núcleo urbano está declarado de interés histórico artístico, por sus numerosos monumentos: Portal de Chinchín —siglo XVI—, puente de Abajo —siglo XII— y las ermitas de Puicremat y Santa Ana, del siglo XIII. Entre las tradiciones destaca La Mojiganga, pieza de teatro burlesco, de interpretación popular, originaria de la localidad.

La casa se sitúa dentro del casco antiguo. La fachada está rebocada y pintada en tonos ocres, con orientación sur. Ofrece cinco habitaciones, tres dobles y dos con cama de matrimonio, con dos baños compartidos. En la parte alta de la casa hay una sala independiente para uso exclusivo de los huéspedes, donde se sirven comidas y cenas. En la parte baja se está habilitando un salón con chimenea.

Aguas abajo de Graus está el embalse de Barasona, donde se puede practicar esquí acuático, vela ligera, piragüismo y windsurfing. En verano se ofrecen guías para el descenso de barrancos y senderismo a zonas naturales de interés.

Labuerda

Casa Maiza
Tel.: (974) 50 07 81
22360 Labuerda, Huesca
Habitaciones: 5 dobles

Precios: habitación doble 4.000 Pta.
Propietario: Casimiro Maiza

La madera ha sido una de las riquezas tradicionales del Sobrarbe. Las malas comunicaciones por carretera obligaban a utilizar el caudal de los ríos para transportar la madera. En los ríos Ara y Cinca se recogían los troncos que procedían de numerosos cursos de agua y se enlazaban para formar grandes balsas o *navatas*, sobre las que se situaban los hombres que las dirigían, conocidos como *navateros,* encargados de conducir la madera hasta su destino.

La casa, de nueva construcción, se encuentra rodeada de zona verde. Cuenta con cinco habitaciones dobles con baño, chimenea y calefacción central. Los muebles son modernos y funcionales. Los propietarios viven en la misma casa y mantienen un pequeño huerto y animales de granja.

En Laspuña, población aguas arriba de Labuerda, se celebra desde el año 1983 la fiesta de Las Navatas. En el mes de mayo, aprovechando el caudal proporcionado por el deshielo, se construyen balsas y se realiza un descenso hasta Ainsa. En la fiesta se dan cita numerosos aficionados y expertos de toda España, que han utilizado como medio de transporte el cauce de los ríos. Destaca el ecomuseo de Las Navatas, en Laspuña, por su interés naturístico.

La Torrecilla

Casa Broto
Tel.: (974) 50 22 94
22349 La Torrecilla, Huesca
Habitaciones: 3 dobles

Precios: habitación doble 2.000-1.800 Pta.
Propietaria: Purificación Broto Saenz

Los numerosos cauces de agua que descienden de los montes del Sobrarbe se encajonan para formar profundos barrancos, donde además de sobrevivir gran número de plantas endémicas, son motivo de viaje para los aficionados al deporte del descenso de barrancos. En La Torrecilla se puede conseguir un buen equipo para la práctica de esta modalidad y acercarse a los cañones de Guara, paraíso de los barrancos, en la misma comarca.

La Torrecilla, con sus 30 habitantes, mantiene las construcciones tradicionales de los siglos pasados. En un edificio del siglo XII se encuentra este alojamiento rural, en la misma plaza del pueblo, con arcos de piedra en la entrada, adornado por un pequeño jardín. En el interior tiene un patio de piedra repicada, tres salones, uno de ellos para uso exclusivo de los huéspedes, mobiliario antiguo y una amplia terraza. Dos habitaciones dobles y una con cama de matrimonio proporcionan descanso al visitante, después de un día activo.

Dentro de la misma comarca se pueden visitar los núcleos de gran valor histórico-artístico de Ainsa y Alquézar o realizar visitas y actividades en el parque nacional de Ordesa y Monte Perdido.

Ligüerre de Ara

Casa Ballarín
Tel.: (974) 50 30 12
22372 Ligüerre de Ara, Huesca
Habitaciones: 3 dobles, 2 de uso cuádruple
Precios: habitación doble 2.000 Pta., habitación cuádruple 4.000 Pta.
Propietaria: Isabel Muro

Ligüerre de Ara es uno de los pueblos amenazados desde hace años por la construcción de un pantano. Sus 35 habitantes continúan su vida normal a orillas del río Ara a pesar de todo. El conjunto urbano se ha mantenido intacto con sus casas tradicionales con fachada de piedra, a la espera de la construcción del embalse que nunca llega. El paisaje está dominado por los bosques de pino silvestre en las umbrías y por la carrasca y el roble quejigo en las laderas más soleadas.

La casa sorprende al cliente por su porche de cinco arcadas y la solana del primer piso que ocupa toda la fachada. Los suelos son de cerámica antigua y el mobiliario es el tradicional, recuperado para amueblar sus tres habitaciones dobles con cama de matrimonio y baño compartido y dos más de uso cuádruple con baño. Diversos objetos tradicionales decoran los rincones de la casa.

Cuando los clientes no dedican el día a descansar o a pasear por el entorno, pueden emprender interesantes excursiones a los vecinos valles de Ordesa, Pineta o Gistaín. En el pueblo de Fiscal, situado a unos 5 kilómetros de distancia, existe una variada oferta gastronómica donde reponer fuerzas.

Molins de Betesa

Casa Teixidó
Tel.: (974) 54 21 43
22583 Molins de Betesa,
Huesca
Habitaciones: 3 dobles
y 3 triples

Precios: habitación doble 2.600-3.000 Pta., habitación triple 4.000 Pta.
Propietaria: Concepción Perna Laforga

Situado en la zona más oriental de la comarca de la Ribagorza, limítrofe con la Ribagorza catalana, se accede por la N-230, desde Puente de Montañana a Pont de Suert. Molins de Betesa es un pequeño pueblo de siete habitantes enclavado a 1.000 metros de altitud, que se resiste a ser abandonado, a pesar de su aislamiento del resto de la comarca. El río Noguera sirve de línea divisoria entre las dos comunidades.

Después de varios kilómetros por una carretera sinuosa, un cartel de madera anuncia el cruce de Molins de Betesa. A la entrada del pueblo hay una era que hace las veces de aparcamiento. En la calle principal se encuentra la casa con fachada de piedra vista restaurada, orientada al sur, con vistas al monte, al barranco del arroyo de Aulet y al huerto familiar. El interior de la casa conserva el aroma de los pueblos de montaña, con su cocina baja, con un banco a su lado; es el lugar preferido por muchos clientes. El mobiliario combina muebles antiguos en el salón-comedor, con modernos en las habitaciones. Éstas se distribuyen entre las dos plantas: tres de ellas con baño completo y otras tres con baño compartido.

Navarri

Casa Blanc
Tel.: (974) 55 01 24
22452 Navarri, Huesca
Habitaciones: 6 dobles
Precios: habitación doble con baño 3.200 Pta., sin baño 2.200 Pta.
Propietario: Ramón Noguero Castillón

Los 13 habitantes de Navarri son garantía de la tranquilidad que se respira en esta localidad de la Ribagorza. Está situada en la zona de Campo, a 649 metros de altitud, en el valle que forma el río Esera, donde se pesca la abundante trucha común o *truita* del país.

Casa tradicional de piedra, remozada hace tres años, se levanta dentro del núcleo urbano. Dispone, para alquilar, de tres habitaciones con baño, otra doble y dos más con cama de matrimonio y baño compartido. La estufa de leña hace las veces de chimenea, atendida constantemente por los anfitriones. Dos salones, un prado y la posibilidad de una comida casera, completan la oferta.

A 30 kilómetros de la localidad se encuentran las pistas de esquí alpino de Cerler. Se puede practicar la pesca en el río si se dispone de licencia y también la caza. El descenso de barrrancos en la localidad vecina de Morillo de Liena es una apasionante actividad para aquellos que disfrutan con la acción. Además, los senderos para realizar a pie y en bicicleta de montaña son otra opción para los deportistas. Una sugerencia para los que prefieran andar: el recorrido desde Navarri a Santo Cristo y Campanué.

Roda de Isabena

Casa Simón
Tel.: (974) 54 44 32/54 45 28
22482 Roda de Isabena, Huesca
Habitaciones: 5 dobles, 1 apartamento

Precios: habitación doble 3.000 Pta., apartamento 5.000 Pta.
Propietario: José Pallas Espuña

El gran patrimonio del valle de Isabena queda reflejado en este pequeño pueblo de Roda con 40 habitantes, que conserva un núcleo urbano con tipología de pueblo medieval. En el año 957 llegó a ser sede de la diócesis, con su impresionante catedral de los siglos X-XI, de planta basilical. Hay que destacar el museo Catedralicio que posee piezas excepcionales.

Siguiendo el trazado medieval de sus calles se llega a la plaza, donde se encuentra esta casa de piedra vista, distribuida en planta baja y tres pisos. El primer piso está ocupado por los propietarios; en los superiores se sitúan tres habitaciones dobles y dos con cama de matrimonio, con tres baños. También dispone de un apartamento con cinco plazas y un baño.

Senderos para realizar a pie parten del pueblo en todas las direcciones, como los que conducen de Roda a Eslomada y Merli o de Roda a Morrons de Güell. Para los aficionados a la espeleología se encuentra Cova de Fornero. En el picadero establecido en el pueblo se organizan excursiones. En un día se puede llegar hasta el valle de Ordesa y el de Benasque.

Sahún

Casa Falisia
Tel.: (974) 55 13 40
22468 Sahún, Huesca
Habitaciones: 5 dobles y 1 individual

Precios: habitación doble 3.300 Pta., habitación individual 2.000 Pta.
Propietaria: Carmen Demur Nerín

Los pueblos del valle de Benasque están rodeados de montañas con alturas superiores a los 3.000 metros, con abundantes lagos e ibones. La flora se distribuye en pisos altitudinales: por encima de los 3.000 metros viven musgos y líquenes; entre los 2.300 y 3.000 aparecen el rododendro, el arándano, el enebro y los prados alpinos; por debajo de estas alturas se encuentran los bosques de coníferas de pino negro y pequeños bosques de abedules, hasta llegar al fondo de los valles, donde aparecen los bosques caducifolios y de ribera con sauces y chopos.

Sahún es uno de los núcleos urbanos del valle con interés artístico. La casa con fachada de piedra y porche de cuatro arcos está rodeada de montañas y bosques mixtos de fresnos y abedules. El mobiliario es antiguo, baúles, cuna y diversos objetos decoran sus rincones. Las habitaciones, con antiguas camas de forja y nogal, están distribuidas entre la primera y la segunda planta.

Los dueños comparten la vivienda con los clientes y elaboran gran parte de los alimentos que forman sus menús.

La práctica del senderismo, barranquismo y los deportes de nieve constituyen las posibilidades de ocio que el lugar ofrece.

Senz

Casa Arán
Tel.: (974) 55 01 03
22450 Senz, Huesca
Habitaciones: 2 apartamentos

Precios: persona y día 1.500 Pta.
Propietario: Jaime Ballarín

Senz se encuentra rodeado por un paisaje montañoso, entre las sierras de Cotiella y la de Ferrera, en la zona de Campo. La vegetación está formada, principalmente, por bosques de pino silvestre y hayedos en las zonas de umbría. La actividad principal de sus 30 habitantes la constituye la ganadería de vacuno de leche y la agricultura, con campos de especies forrajeras para el ganado. El pueblo conserva buenas muestras de construcciones tradicionales en piedra.

La casa, totalmente cubierta de piedra vista, se encuentra dentro del pueblo, con una pequeña plazuela delante. Dispone de dos apartamentos nuevos situados en la entreplanta, con cocina perfectamente equipada, salón y dos habitaciones dobles con baño y calefacción. El mobiliario es nuevo, de madera.

Su situación estratégica, en mitad de la montaña prepirenaica, permite realizar excursiones de un día a los valles de Benasque y de Ordesa. Se puede practicar el senderismo por las sierras cercanas y la pesca en el barranco de Garona, de aguas limpias y sabrosas truchas, cercano a la localidad.

Sieste

Casa La Era
Tel.: (974) 50 22 73
22349 Sieste, Huesca
Habitaciones: 1 doble y 1 cuádruple

Precios: habitación doble 4.200-3.500 Pta., habitación cuádruple 6.000-5.000 Pta.
Propietaria: Mª Isabel Martín Ezquerro

Pequeño pueblo de 17 habitantes, con río del mismo nombre que desemboca en el Ara. Cercano al parque nacional de Ordesa y Monte Perdido posee recursos importantes como el cañón de Añisclo, recorrido por el río Vellos desde su nacimiento hasta la confluencia con el Aso en el puente de San Urbez. Durante todo su curso permanece profundamente encajonado entre dos murallones muy próximos entre sí.

La casa es antigua, rehabilitada, y se encuentra dentro del casco urbano de Sieste. Incluye una habitación doble con baño y terraza, otra con baño que se puede utilizar para cuatro personas. Es posible incorporar una litera para aquellos que viajen con niños, que además dispondrán de un jardín con zona de juegos. El mobiliario es nuevo, de estilo provenzal. Los propietarios se dedican a la agricultura y sirven el desayuno en su casa, que se encuentra al lado. Merece la pena disfrutar de un desayuno con mermeladas y repostería casera.

Los amantes de los deportes encontrarán lugares adecuados para la práctica del montañismo, senderismo, rafting y equitación.

Sieste

Casa Piquero
Tel.: (974) 50 20 92/31 17 01
22349 Sieste, Huesca
Habitaciones: 4 dobles, 1 estudio con una habitación doble y otra cuádruple
Precios: habitación doble 3.500 Pta., estudio por día 8.500 Pta.
Propietaria: Teresa Bielsa

La encina es el símbolo de la comarca del Sobrarbe, que en esta tierra recibe el nombre de *carrasca*. En los cañones y desfiladeros, tan abundantes por estas tierras, se encuentran endemismos anteriores a las glaciaciones, como *la oreja de oso, la corona de rey, el té de roca* o el liquen amarillo.

Desde la terraza de la casa, rehabilitada al estilo antiguo, se contemplan magníficas vistas de Monte Perdido, en el vecino parque nacional. Ofrece dos habitaciones dobles y otras dos de matrimonio con baño incluido. En la parte alta de la casa un estudio abuhardillado completa la oferta con una habitación doble y otra de uso cuádruple, todas con baño y calefacción. En el comedor con chimenea se puede disfrutar de las comidas caseras elaboradas por los propietarios.

Para los que quieran iniciarse en el barranquismo la zona ofrece múltiples posibilidades de *soltar* adrenalina en las gloces, desde Fanlo, el barranco del Furco y el de Sorrosal en las proximidades de Broto o el barranco de la Pazosa en San Nicolás de Bujaruelo.

Tierrantona

Casa Escartín
Tel.: (974) 50 70 21
22366 Tierrantona, Huesca
Habitaciones: 6 dobles

Precios: habitación doble 3.500 Pta.
Propietario: Joaquín Daniel Escartín

El valle de La Fueva es recorrido por el barranco de La Usía, desde Sierra Ferrera hasta el embalse de Mediano. Su capital es Tierrantona, municipio de 140 habitantes y 631 metros de altitud. De entre las localidades de La Fueva destaca el conjunto medieval de Muro de Roda, declarado de interés histórico artístico, con su recinto amurallado y la iglesia parroquial de Santa María —siglo XII—, con interesantes imágenes de pintura popular del XVIII referidas a la Pasión de Cristo

A las afueras de la localidad, rodeada de tranquilidad y magníficas vistas, se encuentra esta casa de nueva construcción que ofrece seis habitaciones dobles con baño, calefacción central, hilo musical, salón con chimenea, para uso exclusivo de los huéspedes, con mobiliario de estilo rústico. Dispone de zona verde en el exterior de la casa.

Desde la localidad se pueden realizar recorridos a pie hasta el Tozal de Muro, Luján y Troncedo. Se sirven comidas que incorporan los productos típicos de la zona, derivados principalmente del cordero, como las *chiretas*, que aprovechan las menudencias del animal y de la *matacia*, como así se denomina popularmente a la matanza del cerdo. Se preparan meriendas para las excursiones.

Torla

Casa Miguel Bun
Tel.: (974) 48 61 69
22367 Torla, Huesca
Habitaciones: 3 apartamentos con 6 plazas cada uno
Precios: día 8.000 Pta.
Propietario: Miguel Bun

El pueblo de Torla está enclavado en el valle de Broto, bañado por el río Ara, que nace en las faldas del Vignemale —3.303 metros—, en la vecina Francia. Sus 1.032 metros de altitud sitúan a la localidad en el estadio montano, donde se encuentra el bosque caducifolio, dominado por el roble.

La casa antigua restaurada, ofrece tres apartamentos con dos habitaciones, salón y baño cada uno, dos de ellos rehabilitados y uno nuevo, con calefacción eléctrica. La amabilidad de sus dueños, que viven al lado, son referencia obligada para planificar los días de estancia.

Además de las visitas al cercano parque nacional de Ordesa, donde se puede practicar senderismo, se puede realizar escalada en las paredes del Tozal del Mallo y del Gallinero, amén de alpinismo en sus *tres miles*: Monte Perdido, el Cilindro, Vignemale... Torla está lleno de tradiciones, entre las que destacan sus famosos carnavales en febrero, sus danzantes y su museo Etnográfico, recomendado para los que quieran adentrarse en las tradiciones del Sobrarbe. El cauce del río Ara, reúne las condiciones idóneas para la práctica del piragüismo y el rafting.

Cazorla

Los Cerezos
Tel.: (953) 12 40 09/73 11 02
(908) 963 84 65
23470 Cazorla, Jaén
Habitaciones: dos casas con 1 habitación
Precios: casa completa 5.000-6.000 Pta., semana 30.000-35.000 Pta.
Propietario: José Marín Quesada

Los Cerezos constituye una huerta de 10.000 metros cuadrados de árboles frutales, *colgada* en las primeras estribaciones de la sierra de Cazorla, con un microclima húmedo. Está situado en un valle alto rodeado de montañas, frondosos pinares y estupendas vistas, a 1 kilómetro de Cazorla y en los límites del parque natural, por lo que el silencio del bosque, sólo roto por el ruido producido por los animales salvajes, suele crear una atmósfera envolvente y particular.

La finca dispone de tres casas, una de los dueños y otras dos dedicadas al turismo rural de estilo. El mobiliario es rústico. Además, la casa goza de amplias terrazas, piscina, barbacoa y aparcamiento propio. Son ideales para parejas, con posibilidad de cama supletoria si tienen un niño.

Al estar rodeado por el parque natural y a cinco minutos de Cazorla en coche, el visitante tiene a mano todas las actividades propias de la montaña: senderismo, rutas 4x4, pesca, caballos, guías de montaña, museos y gastronomía típica de la zona.

Jimena

Casería El Pomar
Tel.: (953) 35 73 95
23530 Jimena, Jaén
Habitaciones: 5 dobles

Precios: habitación doble con desayuno 4.000-4.5000 Pta.
Propietaria: Isabel Saiz

Jimena es uno de los pueblos ubicados en el parque natural de Sierra Mágina, conjunto de montañas al sur de la provincia de Jaén. El municipio, al igual que la casa, están situados en la parte más fresca de Jaén, con nacimientos naturales de agua.

El edificio, de más de 200 años de antigüedad, ha sido rehabilitado —se respetó la arquitectura original todo lo que fue posible— dentro de una finca de olivos con jardín muy amplio. En la antigua casa de servicio viven los dueños y la casa señorial ha sido transformada en alojamiento de turismo rural. Los muebles son rústicos, algunos de la época de la casa. Dispone de salones con chimenea.

El lugar brinda la posibilidad de caza mayor y menor, senderismo y visitas turísticas a los pueblos cercanos, que cuentan con tradiciones artesanales de elaboración de dulces, chacinas y esparto. Los restos de fortalezas y murallas árabes también constituyen un aliciente para los amantes de la arqueología.

Cornide-Calo Teo

Casa Grande de Cornide
Tel.: (981) 80 55 99
Fax 80 57 51
15886 Teo, A Coruña
Habitaciones: 4 dobles y 3 *suites*
Precios: habitación doble 10.000-14.000 Pta.
Propietaria: María Jesús Castro

La Casa Grande de Cornide está situada en el Ayuntamiento de Teo, a 9 kilómetros de Santiago de Compostela, en dirección a Vigo. Constituye una construcción tradicional de la arquitectura gallega, a medio camino entre el pazo y la casa de labranza. Sus orígenes se remontan al siglo XVIII, con importantes ampliaciones a lo largo del siglo XIX. Consta de cuatro habitaciones dobles y tres *suites* con sala de estar y estufa de leña. Todas poseen calefacción, baño, minibar, teléfono, TV y obras de arte como decoración. También ofrece salón, comedor y biblioteca con más de 2.500 volúmenes. En las paredes de este caserón cuelgan obras de Seoane, Laxeiro, Colmeiro, Grandío, Benjamín Palencia, Dalí y otros pintores más. En el exterior se muestran más de 4.000 metros cuadrados de jardín, con árboles centenarios, piscina, dos hórreos, un palomar y un reloj de sol del siglo XVIII, mesas de piedra y cenadores.

La ubicación de la casa es inmejorable para visitar Santiago de Compostela, las rías, la ruta de los pazos. Practicar senderismo, pescar en los cotos del río Ulla o recoger setas son algunas de las posibilidades que ofrece este pazo.

Santiago de Compostela

Pazo de Xan Xordo
Tel.: (981) 88 82 59/88 82 57
Fax 88 82 93
Xan Xordo-Lavacolla
15820 Santiago de
Compostela, A Coruña

Habitaciones: 10 dobles
Precios: habitación doble 5.000-7.000 Pta., desayuno 375 Pta.
Propietario: Alfonso Barco Pérez

El pazo está enclavado en Xan Xordo-Lavacolla, por donde discurre el Camino Xacobeo, a tan sólo 7 kilómetros de Santiago, en el kilómetro 715 de la N-634.

La edificación, construida en el siglo XV, perteneció a las nobles familias de Montenegro y Moscoso.

El Pazo de Xan Xordo consta de diez habitaciones dobles con baño, teléfono, calefacción y todo tipo de comodidades. Dispone también de un amplio salón para reuniones y un comedor donde se sirven los desayunos. La capilla, el hórreo y el cruceiro completan el atractivo de este singular conjunto arquitectónico.

La finca comprende una extensión de 64.000 metros cuadrados bordeada por un río, donde se puede pescar y contemplar un molino de agua. El senderismo y los paseos en bicicleta por sus inmediaciones son otras de las actividades que se pueden realizar al aire libre. Además, su ubicación en el centro geográfico de Galicia permite visitar numerosos puntos de interés.

Sisamo-Carballo

Pazo de Souto
Tel.: (981) 75 60 65
Fax 70 21 14
15106 Sisamo-Carballo,
A Coruña

Habitaciones: 7 dobles
Precios: habitación doble 6.500-10.000 Pta.
Propietario: José Taibo Suárez

El Pazo de Souto data del año 1672, cuando fue construido por un inquisidor de Santiago de Compostela perteneciente a la familia de los Pose de Soto. Es un edificio típico de esa época, todo de piedra y con preciosos detalles acabados en granito, como el reloj de sol, el escudo o un ángel situado sobre el oratorio.

La vivienda está situada dentro de una finca de 25.000 metros cuadrados, amurallada, en la que se encuentra un merendero bajo castaños, una explotación de floricultura y la huerta de la que salen la mayoría de las legumbres que se usan en el restaurante. La zona en la que se sitúa el pazo se llama Costa da Morte y es una de las más desconocidas y menos explotadas turísticamente de Galicia, donde se pueden encontrar playas solitarias en pleno agosto.

Las actividades que proponen los dueños son, en su mayoría, al aire libre: paseos a caballo, en bicicleta de montaña o acompañados por guías profesionales. Destacan los productos agrícolas y artesanos y, en ocasiones, organizan muestras de alfarería o actos culturales como las típicas *sardiñadas* amenizadas con gaiteros.

San Sebastián de La Gomera

Benchijigua
Tel.: (922) 89 51 25
Benchijigua
38400 San Sebastián de La Gomera, La Gomera

Habitaciones: 5 viviendas
Precios: casa completa 7.000-10.000 Pta.
Propietario: Juan Vogt

La Gomera, una de las islas occidentales de las Canarias, presenta una gran variedad de climas y de tipos de vegetación. De forma redondeada, su corazón es una altiplanicie de relieve ondulado cuya elevación más importante, el Alto de Garajonay, se aproxima a los 1.500 metros de altura. De esta altiplanicie parten, de forma radial, profundos barrancos excavados por la erosión, que junto con los impresionantes paisajes de terrazas, levantadas para extender el espacio agrícola, modelan y dan carácter a la isla.

El caserío de Benchijigua está formado por cinco casas independientes con capacidad para cuatro, tres y dos personas, situado entre el parque nacional de Garajonay y Playa Santiago. Las casas se han rehabilitado fieles a su estructura antigua, con madera y teja y, decoradas, con muebles rústicos. Todas tienen baño, salón, cocina y placas solares.

Dispone de bar-restaurante y se puede realizar senderismo y excursiones por la zona. La playa se halla a unos 15 kilómetros aproximadamente.

Fuencaliente

Casona Los Melindros
Tel.: (922) 43 03 08
Los Quemados s/n
38740 Fuencaliente,
La Palma
Habitaciones: 3 dobles y 1 individual
Precios: 3 plazas/día 10.000 Pta., más de 3 plazas 14.000 Pta.
Propietario: Cristóbal Barrera Tabares

Las lavas del volcán Teneguía aumentaron en centenares de metros la superficie de la isla después de su erupción en el año 1971, y llegaron hasta el mar, donde se formaron pequeñas y tranquilas playas.

Los pueblos y casas-palmeras se encuentran por encima del nivel del litoral, en busca del codiciado líquido elemento. La casa se encuentra en el barrio Los Quemados, a 400 metros de altitud, rodeada de viñedos. Desde la terraza y jardines se puede contemplar el mar. Dispone de tres habitaciones dobles, dos de ellas con cama de matrimonio y una habitación individual, salón, cocina comedor y dos baños completos. La decoración incorpora la carpintería antigua, el mobiliario tradicional y cuadros de época, del siglo XIX.

Desde Los Quemados se puede acceder a los volcanes de San Antonio y Teneguía, tomar el sol y bañarse en las playas y calas de aguas tranquilas. Son lugares de interés turístico la playa de El Faro, cerca del viejo faro y las salinas; muy cerca, en dirección oeste, se halla Playa Nueva, formada por las lavas del volcán Teneguía .

Puntagorda

Casa La Era **Tel.:** (922) 43 03 08 Camino del Peral, 26. El Pinar 38789 Puntagorda, La Palma	**Habitaciones:** 2 dobles **Precios:** día 5.500-6.000 Pta., semana 35.000-38.500 Pta. **Propietario:** Alejandro Salvio Paz Lorenzo

Puntagorda se encuentra en la vertiente occidental de la isla, al norte de Tijarafe, tras recorrer una carretera que entra y sale de los impresionantes barrancos excavados por el agua. El pueblo es pintoresco, rodeado de millares de almendros, con su fiesta, en febrero, del Almendro en Flor, y sus casas diseminadas armónicamente en el paisaje.

La casa, rehabilitada al estilo tradicional, se encuentra enclavada a 800 metros del núcleo urbano y a 700 metros de altitud, con buenas vistas y una antigua era recuperada y jardín con frutales donde poder disfrutar de la tranquilidad de la casa-palmera. En el interior, después de traspasar el amplio recibidor, se distribuyen dos habitaciones dobles, un baño completo y la cocina comedor. Dispone la vivienda de un sugerente mobiliario rústico.

Los barrancos y acantilados de Puntagorda forman parte de un espacio natural protegido, donde destaca el barranco de Izcagua, con una vegetación formada por cardones y tabaibas, interesantes endemismos canarios. Desde el mirador de Miraflores se disfruta de una magnífica panorámica de la localidad.

Puntallana

Casa Sara
Tel.: (922) 43 03 08
Cruz Pasión, 5. Santa Lucía
38715 Puntallana, La Palma
Habitaciones: 1 doble

Precios: día 5000-5.500 Pta., semana 35.000-38.500 Pta.
Propietaria: Sara Cabrera Concepción

El clima del noreste es fresco, favorecido por los vientos alisios, cargados de humedad, que hacen que la isla tenga abundante vegetación, lo que lleva a denominarla *la isla verde*. El municipio era conocido como el granero de la isla, por la abundancia de cereales que se cultivaban; hoy sustituido por cultivos menores y frutales.

La casa se encuentra enmarcada en el barrio de La Galga, a 410 metros de altitud, en un edificio tradicional de una planta con su respectivo jardín, terraza y hermosas vistas. El espacio que ocupan las dependencias es pequeño pero acogedor y, dispone, de una habitación doble, cocina, con una curiosa puerta que se transforma en mesa para los desayunos, comedor-recibidor, salón con un sofá-cama y un baño completo.

Son visitas obligadas los bosques de *laurisilva* del Cubo de la Galga y Los Tilos. Igualmente, es recomendable adentrarse en el estrecho barranco del Caboco, en Cubo de la Galga, por donde salen la tuberías que traen el agua. A media hora de camino podemos llegar hasta la fina arena negra de Playa Nogales, una de las mejores de la isla pero también peligrosa, debido al inestable mar del norte.

Tijarafe

Casa La Cruz del Llano	**Habitaciones:** 2 dobles
Tel.: (922) 43 03 08	**Precios:** día casa completa 6.000 Pta.
La Cruz del Llano. Barrio de El Pinar	**Propietaria:** María Isabel Rodríguez Martínez
38780 Tijarafe, La Palma	

Para llegar a Tijarafe hay que ascender por una sinuosa carretera que salva el barranco de Las Angustias, acompañados por las tuberías del agua que, desde el fondo del barranco, elevan el preciado líquido hasta una cota de 500 metros. Con este agua se cultivan plátanos y aguacates, dando un verdor espléndido a la zona.

Parada obligatoria, después de ascender el barranco, lo constituye el mirador del Time, desde donde se domina el hermoso valle de Aridane, con sus plataneras y La Caldera de Taburiente.

La casa se encuentra aislada, en una zona de montaña, a 1.000 metros de altitud, en territorio de pinares, próxima a un sendero que conduce al parque nacional. La decoración de la casa se muestra acogedora y funcional, con amplias terrazas y buenas vistas. Dispone de un par de habitaciones dobles, salón de estar, cocina-comedor, porche, huerta y barbacoa, amén de TV y teléfono.

En el pueblo se puede admirar la edificación de la iglesia de la Candelaria, del siglo XVI, con un extraordinario retablo. El mirador de Hoya Grande configura una maravillosa balconada sobre el valle de Aridane y La Caldera. El día se puede finalizar con una visita a la gruta de Cueva Bonita.

Villa de Mazo

Casa Salazar
Tel.: (922) 43 03 08
La Crucita s/n. Monte Breña
38730 Villa de Mazo,
La Palma

Habitaciones: 4 dobles
Precios: día 15.000 Pta.
Propietaria: María Nieves Pérez Hernández

El municipio se haya enclavado en la vertiente oriental de la isla. A los vecinos se les conoce con el nombre de mazuqueros, de los que destacan sobre todo las mujeres, por su gran habilidad para las artesanías. La parte alta del municipio todavía conserva bastantes restos de *laurisilva* y *fayal,* además de una gran cantidad de conos volcánicos cubiertos por vegetación.

La vivienda tiene 286 años de antigüedad y su carpintería ha sido restaurada utilizando productos naturales. También dispone de instalaciones alternativas para el reciclaje de aguas y producción de agua caliente por medio de placas solares. La casa, en dos alturas, ofrece cuatro habitaciones dobles con baño incorporado, cocina-comedor, salón, sala de lectura y un baño.

Existe un mercadillo muy concurrido en temporada alta donde los agricultores venden directamente sus productos. En El Hoyo del Mazo se halla El Molino, un taller de cerámica instalado en un antiguo molino de viento, donde se hacen reproducciones exactas de utensilios aborígenes. Para los sibaritas: excelentes vinos malvasía, tintos del Hoyo de Mazo y tabacos puros hechos a mano.

El Rasillo

Casa Mabe
Tel.: (941) 46 21 19/23 86 69
La Mata, 17
26120 El Rasillo, La Rioja

Habitaciones: 4 dobles
Precios: 4.500 Pta.
Propietario: José Luis Sáenz

El Rasillo está situado en la comarca de Cameros Nuevo, que se extiende a lo largo del río Iregua, en una zona que comprende las Trece Villas. En la cabecera del río se sitúa el parque natural de Villoslada y Lumbreras con el nombre de sierra de Cebollera. Su altitud supera los 2.000 metros, con cumbres como La Mesa y Cebollera que alcanzan los 2.141 metros sobre el nivel del mar. El Rasillo, enmarcado en un bosque de pinos y sobre el embalse de Ortigosa, posee una interesante arquitectura con materiales tales como piedra rojiza y arcos de medio punto en los accesos a las viviendas.

Casa Mabe es un edificio de nueva construcción con vistas al pantano González Lacasa y a la sierra camerana. En la planta baja se encuentra el salón con chimenea y una habitación; en la primera, dispone de tres habitaciones; y en la segunda y tercera viven los propietarios. Todas las habitaciones poseen baño y ventanas exteriores. La mayoría de los muebles son antiguos y restaurados. Tiene jardín y porche con asador.

Se puede gozar de los muchos caminos recomendados para la práctica del senderismo a través de frondosos bosques de pinos y por las rutas del GR 93. Además es posible practicar deportes náuticos en el pantano.

San Román de Cameros

Casa Molino del Corregidor
Tel.: (941) 46 42 16
Carretera de Laguna, s/n.
26133 San Román de Cameros, La Rioja

Habitaciones: 3 dobles
Precios: habitación doble 3.500 Pta., desayuno 350 Pta.
Propietarios: Eli y Julio

San Román de Cameros es una localidad serrana que conserva todo el encanto de su arquitectura popular, basada en la cuidada restauración de casas y calles de piedra. A 10 kilómetros se sitúan las gargantas del Leza, un espectacular cañón abierto por el río que alberga una abundante colonia de buitres. Y en las proximidades se encuentra el hayedo de Monte Real, de gran frondosidad y variada fauna.

El conjunto en donde se localiza la casa rural corresponde a un antiguo molino harinero. En uno de los edificios hay tres habitaciones dobles, una de ellas con baño y salón con chimenea. En otro viven los propietarios. Por último, en el otro anexo, se puede visitar un ecomuseo que muestra diferentes aspectos referentes al agua. Todo el conjunto se encuentra a 500 metros de San Román, junto a una chopera con zona verde propia.

En el pueblo se pueden comprar quesos, cestas y escriños, amén de observar las técnicas de trabajo de los artesanos. Los amantes del senderismo disponen de la infraestructura del GR 93, que pasa por el Molino en su recorrido por toda la sierra riojana con un total de siete etapas señalizadas.

Santa Marina de Valdeón

Casa Friero
Tel.: (979) 85 16 74
24915 Santa Marina de Valdeón, León
Habitaciones: 2 triples

Precios: día 9.000 Pta., fin de semana 17.000 Pta.
Propietario: Eustasio Rodríguez Vega

El valle de Valdeón separa los macizos central y occidental de Los Picos de Europa, una de las zonas más agrestes de España. El río Cares surca estas grandes moles de piedra caliza formando la *Garganta Divina*, que desde Caín llega al pueblo asturiano de Poncebos. El acceso se puede realizar desde León por Riaño, siguiendo la N-621 o por la N-625. La casa, que data de finales del siglo pasado, se encuentra en el centro de la población, junto a la iglesia. Rehabilitada recientemente, sigue las normas arquitectónicas populares, con materiales como la piedra y la madera. Una de las habitaciones de uso triple y salón con chimenea comparte la primera planta, la otra habitación ocupa la planta superior, con suelos y paredes de madera. En la planta baja se ubica la cocina y dos baños completos. La decoración es sencilla y acogedora.

Los amantes de los recorridos espectaculares pueden realizar la concurrida ruta del Cares, desde la posada de Valdeón a Poncebos. Las empresas de turismo activo ofertan senderismo, escalada, descenso de barrancos, esquí de travesía y rutas a caballo.

Calvinyá

Cal Guilló
Tel.: (93) 412 69 84
25700 Calvinyá
Habitaciones: 3 dobles

Precios: casa completa 32.000 Pta. fin de semana, 58.000 Pta. semana, 82.000 Pta. mes
Propietaria: Rita Salvatierra

Los pueblos típicos del Pirineo leridano se escalonan en las laderas más soleadas para mitigar la dureza del clima, propio de las regiones centroeuropeas. La vegetación presenta una gran diversidad adaptándose a las duras condiciones climáticas: prados alpinos a partir de 2.200 metros; en altitudes inferiores, bosque de pino negro y un sotobosque pobre donde está presente el enebro enano y el rododendro. En las partes más bajas aparecen bosques de abetos y un rico bosque mixto.

Para acceder a este pequeño pueblo hay que recorrer 6 kilómetros desde la Seu d'Urgell por una pista sin asfaltar hasta encontrarnos con Calvinyá en lo alto de una sierra. Cal Guilló se sitúa en la parte más alta del pueblo. La casa se alquila completa. Decorada con muebles rústicos, cuenta con una cocina perfectamente equipada —horno, lavavajillas, microondas...—, salón con chimenea y calefacción central.

Ofrece unas magníficas vistas del Pirineo y la posibilidad de realizar deportes de aventura, tanto de invierno como de verano. La Seu d'Urgell, una de las ciudades catalanas de mayor solera, se encuentra a 6 kilómetros. El cercano Principado de Andorra posibilita buenas oportunidades para hacer compras de material deportivo.

Coll de Nargó

El Coll de la Mola
Tel.: (973) 38 35 75
Valldarques
35793 Coll de Nargó, Lleida
Habitaciones: 3 dobles

Precios: casa completa 25.000 Pta. fin se semana, 50.000 Pta. una semana
Propietario: Francesc Vidal

La carretera asciende desde Coll de Nargó y logra salvar las profundas gargantas excavadas por el río de Sallent. El clima es frío en invierno, con nieve en las alturas, y suave en el verano. En lo alto del puerto se encuentra el caserío de Valldarques, donde todavía vive una familia dedicada a la ganadería. Son ellos los que habitualmente acompañan a los clientes hasta el alojamiento situado unos pocos kilómetros abajo.

Ubicada en un prado y aislada, se encuentra esta masía rodeada de bosques y de las montañas de Valldarques. La casa, edificada con piedra y madera, está restaurada y perfectamente equipada. Buenos detalles de flores prensadas cuelgan de las paredes, sus suelos de madera y muros de piedra hacen acogedora la tertulia alrededor de un buen fuego de chimenea . Es aconsejable ir con buenas reservas de alimentos, a pesar de que en la masía de Valldarques se pueden adquirir algunos productos de la zona.

La tranquilidad es absoluta y solamente el ruido lejano de algún automóvil puede perturbarla. El lugar es apropiado para hacer excursiones a pie o en bicicleta. La Seu d'Urgell se encuentra a 42 kilómetros de distancia.

Montsonís

Cal Valeri
Tel.: (973) 40 02 65
25737 Montsonís, Lleida
Habitaciones: 3 dobles

Precios: persona/día 1.500-1.750 Pta.
Propietario: Ramón Orpinel

Destaca en el paisaje la sierra pre-pirenaica del Montsec, la cual cruza de poniente a levante toda la comarca de La Noguerra. Desde el castillo de Montsonís se divisa su silueta alargada. Este pequeño pueblo, de apenas 20 habitantes, está presidido por un espléndido castillo en perfecto estado de conservación, majestuoso en lo alto de una colina dominando el valle. El pueblo conserva su ambiente medieval, con calles empinadas y casas de piedra.

Cal Valeri parece desde su entrada y por la calle principal que conduce al castillo, una pequeña casa de una planta solamente. Ya en su interior, tres plantas más se asientan sobre la colina, en las que se distibuyen sus tres habitaciones, salón con chimenea, estufa de leña y cocina. En la última planta, a la que se accede a través de una estrecha escalera, se ha recuperado para estancia de los huéspedes un antiguo calado excavado en la roca.

Montsonís cuenta con un servicio de información de la zona, donde se hacen propuestas para realizar rutas y actividades. Destacan las visitas al castillo, así como a Balaguer, situado a unos 20 kilómetros y a Artesa de Segre, a 2 kilómetros aproximadamente.

Ferreira

Casa da Ponte
Tel.: (982) 18 30 77/21 45 80
27200 Ferreira-Palas de Rei, Lugo
Habitaciones: 5 dobles

Precios: habitación doble 4.000-5.000 Pta., desayuno 500 Pta.
Propietario: Manuel Louzao García

La Casa da Ponte está situada en la parroquia de Ferreira, a 10 kilómetros de Palas de Rei, a 10 de la villa de Friol, a 27 de Lugo y a 80 de Santiago y La Coruña.

Es una antigua casa de labranza construida en 1890 y restaurada entre 1994 y 1995. En la planta baja se halla una cocina, comedor, sala de estar y bodega y, en el piso de arriba, cinco habitaciones dobles, tres de ellas con baño incorporado y las otras dos comparten un baño. En el entorno de la casa se encuentra un pajar, horno, hórreo y un patio ajardinado. La finca, de 2.000 metros cuadrados, linda con el río Ferreira, en el que los clientes de la casa pueden pescar truchas. Existe la posibilidad de alquilar la vivienda completa, o bien por habitaciones.

En la casa ofrecen comidas con aviso previo. Se puede hacer senderismo, rutas a caballo a 15 kilómetros, rutas fluviales en catamarán por los ríos Miño y Sil, a 30, nadar en las piscinas municipales, situadas a unos 10 kilómetros aproximadamente e interesantes visitas por toda la comarca.

Meira

Casa Cazoleiro
Tel.: (982) 33 03 31
Grañanova
27247 Meira, Lugo
Habitaciones: 5 dobles

Precios: habitación doble 4.500-5.000 Pta.
Propietario: Álvaro López Fernández

Casa Cazoleiro es una antigua vivienda de alfareros y comerciantes del barro —de ahí su nombre— más tarde dedicada a la agricultura y ganadería; hoy totalmente restaurada para el turismo rural. Está situada en la N- 640 a 32 kilómetros de Lugo y a 45 de Ribadeo, en las inmediaciones del nacimiento del río Miño —Pedregal de Irimia— y a 2,5 de Meira, donde se puede contemplar la iglesia y el monasterio del siglo X.

La casa cuenta con cinco habitaciones dobles con baño, TV, vídeo y calefacción, con dos ventanas en cada una que dan al exterior, desde donde se aprecian las vistas panorámicas de la zona. Justo detrás de la casa está situado lo que era el antiguo pajar, ahora rehabilitado como garaje. Además dispone de dos salas de estar, salón-comedor y cocina.

Maruja, la esposa de Álvaro, es la encargada de preparar las comidas con productos de la zona, utilizando las legumbres de su propia huerta. Los dueños también informan sobre las rutas a caballo y en bicicleta que se hallan en este lugar idóneo para practicar deportes al aire libre.

O Inicio

Casa Grande de Romariz
Tel.: (982) 42 72 34
Fax 42 72 55
Romariz-Rendar
27346 O Inicio, Lugo

Habitaciones: 9 dobles
Precios: habitación doble 6.500 Pta.
Propietario: Luis López

El municipio de O Inicio, donde se encuentra la Casa Grande de Romariz, está enclavado al suroeste de la provincia de Lugo, al pie de las sierras de Louzara y Caurel.

Las edificaciones actuales datan de dos épocas distintas; así, una parte fue construida en el siglo XVI y, la otra, en el XVIII. No existen diferencias apreciables, ya que los materiales utilizados tenían la misma procedencia: pizarra extraída de las propiedades de la casa y dinteles de mármol autóctono de O Inicio. Estructuralmente la casa se compone de dos plantas más un desván con una superficie edificada de 1.300 metros cuadrados; dispone además de zona ajardinada y una robleda centenaria, así como de un patio y pajares que todavía están pendientes de restauración. Las estancias de la casa son, aparte de la cocina y el comedor, nueve habitaciones dobles con baño, teléfono e hilo musical; cuenta, también, con sala con *lareira* de lectura y juegos de mesa, sala de TV y capilla.

Se pueden emprender rutas a caballo, a pie o en coche, disfrutar de la riqueza paisajística y conocer el patrimonio histórico rico en yacimientos megalíticos, castros celtas e iglesias románicas. En O Inicio hay un balneario.

Vilabade

Pazo de Villabad
Tel.: (982) 31 30 00/31 30 51
Fax 31 20 63
Castroverde
27122 Vilabade, Lugo

Habitaciones: 6 dobles y 1 individual
Precios: habitación doble 10.000-12.000 Pta.
Propietaria: Teresa de Arana

Pazo del siglo XVII, situado en la aldea de Vilabade, a 1,8 kilómetros de Castroverde, sobre el llamado Camino Viejo de Santiago, que venía desde la costa. Se convirtió en alojamiento de turismo rural en 1994. Ubicada en la plaza, la fachada principal del pazo forma ángulo con la iglesia, lo que confiere un magnífico marco.

La edificación es de planta cuadrada con patio columnado central cubierto, solana abierta al mediodía y una superficie construida de 2.328 metros cuadrados en tres plantas. Traspasada la puerta se puede admirar una excelente decoración que nos traslada al siglo XIX. Todas las habitaciones tienen calefacción, baño, TV y teléfono, y están decoradas de forma individualizada con mobiliario de distintas épocas. Conserva una antigua *lareira* y hay varios salones, de 50 a 120 metros cuadrados, dos comedores, jardines y perrera. Ofrecen desayunos y, con aviso previo, cenas.

La propiedad posee bicicletas y senderos dispuestos para el paseo, dentro de un perímetro totalmente cercado. Se puede pescar en los numerosos ríos de la zona y visitar la feria y el mercado ganadero que se celebra quincenalmente en Castroverde.

Alora

Majada Alta
Tel.: (95) 248 91 53
29500 Alora, Málaga
Habitaciones: 3 dobles
Precios: casa completa 12.000 Pta., semana 50.000-70.000 Pta.
Propietarios: Colin y Francesca Dean

La casa, de estilo rústico, se encuentra situada en las alturas del parque natural del Chorro. Las montañas de alrededor son el habitat ideal de cabras montesas, buitres y águilas y, a poca distancia, se hallan los pantanos y la garganta del Chorro.

La Majada Alta consta de tres dormitorios dobles, salón de ambiente cálido con chimenea, comedor también con chimenea que da a la cocina, y un baño amplio y lujoso. Dispone de barbacoa, terraza y jardines que permiten disfrutar de los bellos paisajes y de la tranquilidad del lugar.

Se puede visitar Antequera, Córdoba, Granada y los *pueblos blancos*. Para los amantes de la aventura se ofrece la posibilidad de practicar la escalada, el vuelo en ala delta y el parapente. Cuenta, además, con piscina, pistas de tenis y numerosas rutas y carriles para pasear a pie y a caballo. No obstante, para una mejor información, los propietarios asesoran sobre todas las posibilidades de ocio que pueden llevarse a cabo.

Coín

Barrios de Luna
Tel.: (95) 245 28 11/245 32 90
Moreta, 44
29100 Coín, Málaga

Habitaciones: 1 doble y 1 triple
Precios: casa completa para 5 personas 10.000-14.000 Pta.
Propietaria: Pilar Lucena

La casa se encuentra a kilómetro y medio de Coín, rodeada de huertas de naranjos y a 300 metros del río Pereila. Coín está enclavado en el centro de la comarca de Guadalhorce, a menos de media hora del parque natural Sierra de las Nieves, declarado Reserva de la Biosfera.

Nada más llegar a la casa se puede observar que la entrada se convierte en un campanario, y una vez traspasado, se encuentra un patio de estilo árabe, de suelo empedrado y con el sonido relajante del agua de la fuente. La casa, de dos plantas, ofrece salón con biblioteca, juegos de mesa, cocina, una habitación doble con baño y, en la planta alta, un amplio dormitorio con chimenea y un baño de estilo árabe en el que destaca su artesonado de madera de indudable valor. Además de una decoración con buen gusto también hay un jardín de 2.000 metros con una piscina con mural cerámico de Neptuno, barbacoa y baños terapéuticos de arcilla.

En la casa hay dos bicicletas de montaña para uso de los clientes y además la estancia incluye una clase de cerámica en el taller, donde uno se puede llevar el trabajo elaborado.

Periana

Aguadero
Tel.: (95) 211 50 83
29710 Periana, Málaga
Habitaciones: 2 individuales, 2 dobles y 1 triple

Precios: día por persona 2.500-3.000 Pta., casa completa 12.000 Pta.
Propietarios: André y Verena Müller-Landolt

La casa antigua, perfectamente reformada, está situada entre Periana y Ventas de Zafarraya, con unas espléndidas vistas sobre el embalse de Viñuela. En los días claros se puede ver el mar.

Los dueños viven en la casa de al lado y, en verano, obtienen verduras biológicas cultivadas en una gran huerta. Además cuidan gallinas y patos. Existe un espacio con árboles y flores con un pequeño lago por donde pueden pasear los huéspedes tranquilamente. Todas las habitaciones tienen baño, salón con chimenea y estufa de leña. La decoración se ha realizado con muebles sencillos de campo, de madera. Sirven comidas y se puede degustar pan recién hecho en el horno que tienen en la casa.

En la vivienda alquilan bicicletas y alas delta, ofrecen mapas con distintas rutas y excursiones guiadas cada semana. Los aficionados a la playa la tienen a 30 kilómetros, y las visitas culturales permiten contemplar la Alhambra y la mezquita de Córdoba.

Alaró

Son Penyaflor **Tel.:** (971) 51 00 71/87 94 43 07340 Alaró, Mallorca **Habitaciones:** 5 dobles y 2 individuales	**Precios:** día por persona y desayuno 8.500 Pta., cena 3.000 Pta. **Propietario:** Mateo Gamundi Rosselló

Alaró se encuentra entre la sierra de Tramuntana y el *Pla* de Mallorca, con un paisaje de campos de trigo, almendros y vides, cultivos en terrazas de olivos y bosques de pinos y encinas de la sierra.

Son Penyaflor data de la época en que Jaime I repartió la isla entre sus caballeros. Se encuentra al inicio del camino que sube al castillo de Alaró. Las habitaciones, todas con baño y calefacción, están orientadas hacia un jardín desde el que se contempla una magnífica vista: al frente, el pueblo de Alaró a 3 kilómetros y el *Pla*; a nuestra espalda, la sierra de Tramuntana. Dispone también de un salón en cada planta, uno con estufa de leña y otro con chimenea, un comedor y una cocina.

Se puede disfrutar con tranquilos paseos por los alrededores de la finca, visitar los mercados semanales de Santa María e Inca y los rastros de Consell y Binissalem. Las playas están situadas a 30 kilómetros de distancia. Para los aficionados al caballo en Bunyola hay un club de equitación. Es típica la subida al castillo de Alaró.

Alcudia

Ca'n Faveta
Tel.: (971) 53 01 52
07400 Alcudia, Mallorca
Habitaciones: 4 dobles

Precios: casa completa semana 125.000 Pta.
Propietaria: María Cerdá

Está situada en las estribaciones de la sierra de Tramuntana. La imagen que mejor la define es su gran bahía con numerosas playas de arena. Alcudia está rodeada por unas murallas del siglo XIV; fuera de ellas quedan los restos de la ciudad romana de Pollentia. Su teatro, entre la ciudad y el puerto, da muestra de la importancia que pudo tener este asentamiento. La sierra, con una geología generosa y una vegetación austera, otorgan una fisonomía espectacular a la zona.

La finca C'an Faveta cuenta con una extensión de 72 hectáreas que incluye cultivo con forraje para un rebaño de 300 ovejas, almendros, algarrobos, higueras, naranjos, limoneros y un pequeño huerto para consumo propio; el resto es un pinar. La casa está enclavada en la ladera de una pequeña elevación desde la que se ve la bahía de Alcudia. En la planta baja hay un salón con chimenea, comedor, cocina y baño; en la de arriba, cuatro habitaciones dobles y dos baños. Además cuenta con otras dependencias de uso agrario, amén de piscina.

Se puede visitar el parque natural de S'Albufera de Alcudia, el santuari de la Victoria, el castillo del Rei, con unas magníficas vistas, y Es Coll Baix.

Caimari

Es Castell
Tel.: (971) 87 51 54
07314 Caimari, Mallorca
Habitaciones: 7 dobles

Precios: día por persona con desayuno 11.000 Pta.
Propietaria: Mía Amer

Vertiente sur de la sierra de Tramuntana, denominada la comarca del Raiguer, es una zona de transición entre la sierra y el llano. La orientación de la comarca hacia la solana y su protección de los vientos del norte, ofrecen, también en invierno, un agradable clima. Los cultivos característicos son el almendro y la vid. Éste último proporciona los muy aceptables caldos de Binissalem. Caimari, donde la palabra turismo todavía se desconoce, subsiste del cultivo de pieles y olivos.

La finca Es Castell, de 305 hectáreas, está situada a 2 kilómetros de Caimari, al borde del predio de Binibona donde empieza la propiedad. La casa, rodeada de pinos y olivos, pertenece desde el siglo XI a la misma familia. Las habitaciones cuentan con baño y están decoradas con buen gusto y variedad. El comedor, salón, biblioteca, patios y terrazas con macetas y una antigua almazara determinan con certeza la antigüedad de la finca.

Dos excursiones destacan en la zona: la clásica subida al Puig de Massanella de 1.352 metros y el camino viejo de Lluc. En las proximidades se pueden visitar las cuevas de Campanet, el castillo de Alaró, el santuario de San Miguel y el monasterio de Nuestra Señora de Lluc.

Campos

Es Figueral
Tel.: (971) 18 10 23
07630 Campos, Mallorca
Habitaciones: 1 doble y 5 *suites*
Precio: habitación doble con desayuno 11.500 Pta., *suite* con desayuno 15.500 Pta., cena 2.500 Pta.
Propietario: Miguel Suñer Adrover

Campos, situado al sur de la isla, es zona árida cubierta de garriga. La costa es baja y arenosa con espléndidas y salvajes playas como Sa Ràpita y Es Trenc. Existen más de 85 yacimientos arqueológicos repartidos por el territorio como la necrópolis de Son Toni Amer y los poblados de Son Catlar, Son Perot y Sa Vinyola.

La finca está situada a 4 kilómetros de Campos y a 10 kilómetros de la playa de Es Trenc. El entorno de la casa está constituido por 12 hectáreas de campos de cultivo, cereales, árboles frutales, un huerto y un jardín con palmeras centenarias. Hay cinco *suites* con entrada independiente, sala, baño y una habitación doble con baño. Además, la vivienda cuenta con una sala de estar común y un comedor con chimenea. También dispone de calefacción y aire acondicionado.

En la finca se crían aves de corral y diferentes animales. Otra actividad que se realiza es la elaboración de confituras, licores y embutidos. Los propietarios viven en la casa.

Complementos ideales para el entretenimiento son su piscina, un billar, bicicletas y un caballo. Se pueden organizar excursiones al parque nacional del archipiélago de Cabrera y al balneario de Santa Joan de la Font Santa.

Felanitx

Son Mayol
Tel.: (971) 58 01 19/58 09 00
07200 Felanitx, Mallorca
Habitaciones: 2 apartamentos

Precios: casa completa 9.000-16.000 Pta.
Propietaria: Apolonia Vaquer

Felanitx pertenece a la comarca de Llevant. Es un pueblo de interior situado en una zona plana con elevaciones aisladas pertenecientes a la sierra de Llevant. Se distingue por ser zona de numerosas cuevas naturales y de restos talaióticos como el poblado d'Es Rossells, rodeado de murallas.

Son Mayol es una casa del siglo XVI, a 7 kilómetros de Felanitx. La finca, de 12 hectáreas está cultivada con pastos para el ganado y, en la zona de regadío, hay un huerto con frutales y verduras necesarios para el consumo de la casa. Son Mayol ofrece dos apartamentos: uno con una habitación doble, una individual, sala y baño; el otro consta de dos habitaciones dobles, un salón con sofá cama y chimenea, cocina y baño. La antigua bodega se ha rehabilitado para dar comidas por encargo. Se conserva la capilla y dispone de piscina.

La propietaria, una vez a la semana, elabora y enseña a cocinar a los huéspedes empanadas, *cocarrois* con verdura en horno de leña. Se puede pasear en bicicleta, visitar una vaquería y comprar en los mercados semanales de Felanitx y S'Horta.

Inca

Son Vivot
Tel.: (971) 88 01 24
07300 Inca, Mallorca
Habitaciones: 1 *suite* y 1 casa

Precios: *suite* por persona y desayuno 8.000 Pta.
Propietaria: Luisa Feliú

Pertenece a la zona denominada el *Pla*, que ocupa la parte central de la isla. Constituye la Mallorca agrícola, de sabor fuertemente rural y habla socarrona.

Possesió mallorquina con más de 300 años se encuentra situada en un área natural de especial interés. Es una finca de 56 hectáreas rodeada de campos de trigo y almendros. La casa se alza a los pies del Puig de Son Vivet, una pequeña elevación alargada con un bosque de pinos en el que se encuentran restos megalíticos.

La vivienda, de tres plantas, ofrece una *suite* con chimenea y baño y dos habitaciones dobles con un baño. Dispone de dos salones con chimenea y una cocina que se comunica con un acogedor saloncito, desde el que se puede salir al patio interior de la casa. Se conservan la capilla y el *celler* con las enormes cubas de vino. El jardín, de 20.000 metros cuadrados, muestra una romántica terraza de piedra y piscina.

La visita a los mercados payeses donde hay productos de la tierra y de artesanía resulta muy conveniente. En ellos se pueden adquirir cerámica de la zona, porcelana o arcilla como el tradicional *siurell*, piel, vidrio soplado, cestería, ollas... El parque natural de S'Albufera concentra un enorme interés ecológico.

Llucmajor

Sa Pleta Perola **Tel.:** (971) 64 93 13 07620 Llucmajor, Mallorca **Habitaciones:** 4 dobles y 1 *suite*	**Precios:** día por persona con desayuno 6.000 Pta., cena 2.500 Pta. **Propietaria:** Micaela Oliver Vaguer

Llucmajor es conocido por sus canteras de *marés*, piedra que desde siempre se ha utilizado en las construcciones y la artesanía. Son famosos también sus productos relacionados con el almendro, como el *gató*, el *gelat* o el *tambó* de almendra. Esta zona reúne una gran cantidad de cotos naturales donde pueden cazarse la perdiz y el conejo entre otras especies.

La finca está situada a 5,5 kilómetros de Llucmajor, rodeada de un pinar. Se cultivan cereales, almendros, algarrobas, un pequeño huerto con naranjas y verduras para el consumo privado de la casa. Además se crían aves de corral y ovejas. La vivienda, de mediados de siglo, es de una planta con torre de piedra, construcción típica de la zona. En la torre se hallan tres habitaciones dobles con baño y una *suite*; la cuarta habitación, con baño, tiene entrada y terraza independiente; en el resto de la casa hay un salón comedor con chimenea, una sala y terrazas. Dispone de calefacción y piscina.

Algunas actividades de ocio que se pueden llevar a cabo son la visita a los mercados de la zona, el senderismo y, a 15 kilómetros, se encuentran playas de arena e impresionantes acantilados.

Llucmajor

Son Galileu
Tel.: (971) 18 00 29/66 08 74
07620 Llucmajor, Mallorca
Habitaciones: 2 dobles

Precios: persona 5.000 Pta.
Propietario: Bernardo Tomás Tomás

Llucmajor está enclavada en la comarca del Migjorn —Mediodía—, a 25 kilómetros de la ciudad de Palma. La costa se desploma en un soberbio y se va haciendo más baja y arenosa, lo que da lugar a magníficas playas.

La finca agrícola y ganadera de Son Galileu tiene una extensión de 45 hectáreas dedicadas al cultivo de cereales, almendros y algarrobos y a la producción ganadera. La parte más antigua de la casa data de principios del siglo XVIII y consta de dos habitaciones dobles, un baño, cocina, sala de estar con chimenea y comedor. Anexas a la casa se hallan otras dependencias de carácter agrícola además de la vivienda de los propietarios.

Se crían capones y lechonas para el consumo privado y se hacen embutidos, queso, mermeladas, vino gasificado y pan.

Se puede llegar a una pequeña cala con bicicletas.

La visita a los mercados y a los lugares de interés histórico artístico, como el poblado prehistórico de Capocorb, la torre d'Aguait y los monasterios del macizo de Randa, merecen la pena. Además, para los aficionados a la naturaleza, se ofrece la posibilidad de conocer el parque nacional de la isla de Cabrera o las zonas húmedas del Salobrar de Campos.

Manacor

Son Josep de Baix
Tel.: (971) 65 04 72
07500 Manacor, Mallorca
Habitaciones: 2 apartamentos

Precios: día 14.200 Pta.
Propietarios: Bartolomé Bonet y Margarita Puigserver

La comarca de Llevant es el lugar en donde se ubica Son Josep de Baix. En esta zona las montañas se apartan de la costa y forman una franja de tierras pedregosas que se desploman al mar en acantilados no muy altos, interrumpidos por calas de arena.

La casa es de principios de siglo y la finca está rodeada de pinos y monte bajo. Su extensión es de 160 hectáreas, cultivadas con cereales que sirven para alimentar al ganado. Es un coto natural de caza rico en las siguientes especies: perdiz, faisán, palomas torcaces, tórtola, conejo y liebre.

La casa, de sobrio estilo mallorquín, y las dependencias anexas están reunidas en torno a un amplio patio en cuyo centro hay un aljibe y una cisterna; moreras, lodoñeros y azujaifas le dan sombra y lo adornan. La finca ofrece dos apartamentos con una habitación doble, un baño, un salón comedor con sofá-cama y cocina. Se combina la decoración rústica con la moderna.

Dentro de la misma finca se puede pasear y observar las aves o ver cómo pastan las ovejas. La práctica de la pesca, el submarinismo y la escalada son otras actividades que complementan la estancia del visitante.

Manacor

Son Verd
Tel.: (971) 55 37 91
07500 Manacor, Mallorca
Habitaciones: 4 apartamentos
Precios: apartamento 2 personas 10.000 Pta., apartamento 4/5 personas 16.000 Pta., apartamento 3 personas 12.000 Pta.
Propietario: Toni Riera

Manacor es la tercera población más importante de la isla después de Palma e Inca. Pertenece a la comarca de Llevant, con tierras planas interrumpidas por pequeñas elevaciones. Manacor es conocida por las perlas artificiales y las cuevas del Drac y del Homs.

Son Verd es una finca agrícola de 50 hectáreas. La casa, del siglo XVI, está situada a los pies de la montaña de Calicant y junto al barranco de Na Borges. Es una reserva natural sorprendente por su fauna —perdices, faisanes, cernícalos, lechuzas— y su flora.

La vivienda ofrece un primer apartamento con una habitación doble, baño, sala y cocina. Otro apartamento dispone de dos habitaciones dobles, dos baños, sala y cocina. El tercer apartamento tiene dos habitaciones dobles, baño, cocina y, por último, un cuarto apartamento con una habitación doble, dos individuales, baño y cocina. Además cuenta con salón común con chimenea, sala de juegos, ping-pong, piscina y calefacción central.

En el barranco de Son Figuera, dentro de la misma finca, se encuentran varias cuevas naturales habitadas, en otras épocas, por las carboneras que trabajaban en el bosque.

Montuïri

Es Rafal
Tel.: (971) 85 07 17
08230 Montuïri, Mallorca
Habitaciones: 6 dobles

Precios: día por persona con desayuno 7.500 Pta., cena 2.500 Pta.
Propietario: Toni Ribas Moll

Situada en el centro de la isla, en la comarca del *Pla,* Montuïri ocupa la parte alta de una colina. Ocho molinos de viento, donde antiguamente se molía el grano para hacer harina, configuran la imagen más conocida y evocadora de Montuïri. Las ferias y los mercados semanales de productos agrícolas y artesanales atraen a un buen número de curiosos. Es una zona con numerosos restos talaióticos, como el poblado de Son Fornés.

La finca Es Rafal, donde se practica la agricultura biológica, está situada a 1,45 kilómetros de Montuïri. Fue expropiada a los dominicos durante la Desamortización y comprada por un antepasado de los actuales propietarios.

La casa, de dos plantas, es de piedra al exterior. El interior ha sido reformado con los materiales y las líneas tradicionales de construcción. En la planta baja, además de la vivienda del propietario, hay un amplio recibidor, distribuido como un salón con dos puertas —la trasera da al jardín—, piscina, una sala con chimenea, un comedor y una terraza cubierta que da al huerto. En la planta superior hay seis habitaciones dobles todas con baño. Dispone de calefacción central.

Orient

Es Pujol
Tel.: (971) 61 53 16
07349 Orient, Mallorca
Habitaciones: 1 apartamento y 5 dobles

Precios: apartamento día 15.000 Pta., habitación doble día 9.000 Pta.
Propietaria: María Isabel Pizá Ferrer

Al suroeste de la elevada sierra de Alfabia se encuentra el hermoso pueblo de Orient, situado en uno de los valles interiores de la sierra de Tramuntana. El valle de Orient se comunica con los otros valles de la sierra a través de profundos cañones, consecuencia de la acción erosiva de las aguas de los torrentes.

Es Pujol da forma a una granja pintoresca, enclavada en el valle de Orient, punto de partida de numerosas excursiones por la sierra. Es Pujol ofrece un apartamento con tres habitaciones dobles, una sala con chimenea, una cocina típica mallorquina, también con chimenea, y un cuarto de baño. El resto de la casa tiene una amplia entrada con salida al jardín, cinco habitaciones dobles, tres cuartos de baño, una sala con chimenea y una cocina. Toda la vivienda dispone de calefacción central.

Las habitaciones están decoradas de forma diferente y natural. Se ha conseguido crear un ambiente muy acogedor y romántico. La finca, que permanece en régimen de explotación, permite conocer la verdadera esencia de la vida de la montaña mallorquina.

Es Pujol es el sitio ideal para pasear y descubrir rincones mágicos.

Puigpunyent

Sa Campaneta
Tel.: (971) 18 03 92
07194 Puigpunyent, Mallorca
Habitaciones: 2 dobles y 1 apartamento

Precios: por persona con desayuno 6.000 Pta. comidas 2.000 Pta.
Propietario: Jaume Pou

Constituye el extremo meridional de la sierra de Tramuntana. Sus valles están recorridos por un dédalo de pintorescas y atrevidas trochas —veredas— abiertas por carboneros, comerciantes de la nieve y contrabandistas. Los espesos bosques de encinas están salpicados de *rotllos de sitja* —eras donde se hacía carbón—, de hornos de cal y de *ses cases de sa neu*, gigantescos pozos donde se almacenaba la nieve.

Sa Campaneta es una *possesiò* de montaña cuya última reforma data de 1700. Se encuentra a 6 kilómetros de Puigpunyent y a 25 de Palma, rodeada de encinas, pinos y terrazas.

En la planta baja y por un patio interior se accede a la almazara y a la capilla. En la planta superior tenemos el salón-comedor con estufa de leña y dos habitaciones dobles con baño. También disponen de otra unidad con dos dobles y salón con chimenea y baño. Los propietarios viven en la casa. La energía es solar y se obtiene por medio de un molino de viento.

Reúne las mejores condiciones para descansar en tranquilidad y aislamiento. Destacan una serie de interesantes excursiones como la subida a Sa Mola de Planicie y el camino viejo de Estellencs.

Santa Eugenia

Sa Torre
Tel.: (971) 62 10 11
07142 Santa Eugenia, Mallorca
Habitaciones: 4 viviendas

Precios: casa completa 12.000-27.000 Pta., desayuno y cena 3.500 Pta.
Propietarios: Sres. López-Pinto Ribas de Pina

En la comarca denominada el *Pla* de Mallorca la tónica dominante de su paisaje lo constituyen las tierras planas con pequeñas elevaciones como el Puig de Son Segui, desde donde se pueden contemplar campos de almendros, cereales y vides.

Sa Torre, con más de 400 años, antigua casa de viticultor, conserva aún intactas las numerosas botas de su bodega. Está situada a 1 kilómetro de Santa Eugenia y forma parte de una pequeña alquería. Ofrece dos viviendas para cuatro personas, una para dos y otra para nueve; todas integradas en la casa del propietario, equipadas con cocina, baño, sala de estar, calefacción central y entrada independiente. El teléfono, garaje y la coladuría son comunes así como varios salones y una cocina transformada en comedor. Se conserva el *celler* —bodega— con las enormes cubas donde se guardaba el vino. Una capilla constituye otro elemento digno de tener en cuenta. Posee un jardín de 4.000 metros cuadrados con piscina.

El *celler* se utiliza para seminarios y reuniones; se organizan actividades gastronómicas y catas de vino, y se hacen confituras, licores, embutidos y paté. Se puede comprar artesanía de Mallorca y llevar a cabo cacerías en la finca Sa Bastida, así como pasear y hacer excursiones por la montaña.

Valldemossa

Son Brondo **Tel.:** (971) 61 61 90 07170 Valldemossa, Mallorca **Habitaciones:** 3 *suites*	**Precios:** día por persona con desayuno 11.250 Pta., cena 3.000 Pta. **Propietaria:** Carmen

Valldemossa se abre hacia el mar sobre una costa recortada por abruptos acantilados, con calas rocosas que ofrecen abrigo a pequeños puertos de pescadores.

Son Brondo es una pequeña finca señorial del siglo XIV, situada a 3 kilómetros de Valldemossa y a 14 de Palma ciudad. Su extensión es de 142 hectáreas, donde se mantiene la actividad agrícola propia de la zona: olivos, frutales y ganado ovino y porcino. Posee un gran jardín con piscina. Se accede a la casa por un arco de medio punto que se abre a un patio interior, desde donde se distribuyen las diferentes estancias. En la primera planta se encuentra la capilla, un salón comedor con chimenea, sala de estar con juegos de mesa y lectura y una *tafona* —almazara donde se producía aceite— . Las habitaciones tienen baño y calefacción, con mobiliario antiguo. El agua de manantial viene a través de un arco que une la fuente con la casa. Los propietarios viven en ella.

Se puede practicar el submarinismo y pescar desde el puerto de Valldemossa, visitar el pueblo y su cartuja amén de excursionar dentro de la finca, donde se contemplan antiguos hornos de cal.

Aldaz/Aldatz

Casa Uhaldeko Borda
Tel.: (948) 39 60 13
31878 Aldaz, Nafarroa
Habitaciones: 2 dobles y 1 cuádruple

Precios: habitación doble 4.100 Pta., desayuno 450 Pta., comida 1.600 Pta., cena 1.600 Pta.
Propietario: Jesús María Uriarte

Caserío situado a 1,5 kilómetros de Aldatz, en dirección a Bervete, en una finca de 4 hectáreas, entre bosques y prados. Dispone de un espacio, a modo de apartamento, de 65 metros cuadrados, con cuatro plazas, baño, chimenea y dos habitaciones dobles con dos baños y calefacción.

Tiene una amplia terraza, jardín, y una huerta que proporciona los productos alimenticios. El salón-comedor con chimenea ofrece una magnífica vista hacia Las Malloas y la zona de Aralar.

En la cocina se emplean los productos de la huerta y las carnes de la zona.

La proximidad de áreas de montaña y la existencia de caminos señalizados permite la práctica del senderismo. Se pueden realizar recorridos a caballo y se alquilan bicicletas de montaña. Destaca también la existencia de abundantes simas y varios restos megalíticos en toda la comarca de Larraun, cuya capital es Lecumberri.

La rehabilitación completa del edificio ha sido llevada a cabo por el propietario, que además se dedica a la venta de productos alimenticios artesanales.

Aniz

Casa Jaureguiaetxea
Tel.: (948) 58 50 03
31796 Aniz, Nafarroa
Habitaciones: 2 apartamentos con 3 habitaciones uno y otro con 4 habitaciones dobles
Precios: fin de semana 27.000 Pta., semana 60.000 Pta.
Propietarios: José Joaquín Azcarate

Incluye el alojamiento dos apartamentos; uno de ellos, de 140 metros cuadrados, dispone de tres habitaciones, un baño, comedor y cocina. El otro apartamento es de 180 metros cuadrados y consta de cuatro habitaciones dobles, una con baño y otro baño para las tres habitaciones restantes, salón-comedor y cocina. Ofrece, además, calefacción central, garaje, jardín y huertas.

Al pequeño pueblo de Aniz se accede por el puerto de Velate, desde la localidad de Almandoz. La casa se encuentra en la parte alta del pueblo, cerca de la iglesia de Nuestra Señora de la Asunción.

Como indica el nombre de la casa, ésta es un palacio que remonta su origen a la época medieval. La parte delantera de la casa-palacio la ocupan los propietarios que se dedican a la explotación ganadera de vacuno de leche.

A los apartamentos se accede desde un jardín y un amplio portal.

Desde Aniz se puede iniciar el recorrido por el valle del Baztán, a un paso del puerto de Velate y sus hayedos.

La casa elabora mermeladas, licores y ofrece quesos y otros productos artesanos a los huéspedes.

Arive/Aribe

Casa Txiquirrín
Tel.: (948) 76 40 74
31671 Arive, Nafarroa
Habitaciones: 3 dobles
Precios: habitación doble 4.200 Pta., cama supletoria 1.400 Pta., desayuno 300 Pta.
Propietaria: María Luz Elizondo

Sobre el río Irati se encuentra esta vivienda de construcción actual, que ofrece su planta superior para el alojamiento de huéspedes. De forma abuhardillada, las tres habitaciones dobles están recubiertas de madera en un perfecto alarde de carpintería, que refleja la tradición forestal de la zona. Las tres habitaciones disponen de dos baños y de un cuarto de estar con vistas al río.

La casa tiene calefacción y almacén para bicicletas. Otra característica digna de ser reseñada es que admiten perros.

Arive es la cabecera del valle de Aezcoa. En él se encuentra la Casa del Valle y el Consorcio Turístico del Pirineo Navarro Central y Oriental —Tel. (948) 17 46 56—. El puente medieval cruza el río, por el que bajaban las almadías o conjuntos de troncos que se transportaban fluvialmente hasta el Ebro.

La tradición truchera continúa con su piscifactoría.

Cercanos a Arive se encuentran dos bosques importantes: la selva de Irati —la zona boscosa más importante de Navarra y una de las más destacables de Europa— y el robledal de Garralda. En ambos destaca la riqueza ornitológica y son atravesados por múltiples sendas y paseos.

Arizcun/Arizkun

Casa Landaberroa **Tel.:** (948) 45 32 08 Carretera Elizondo- Dancharinea, Km. 64 31713 Arizcun, Nafarroa	**Habitaciones:** 4 dobles **Precios:** habitación doble 3.000 Pta., desayuno 300 Pta. **Propietaria:** María Pilar Iriarte

Los amantes de la vida rural disfrutarán en este caserío baztanés, gobernado por un matrimonio de baserritarras de 70 años. La explotación ganadera se encuentra en el propio caserío y los olores característicos de la hierba fermentada para la alimentación del ganado vacuno envuelven la estancia.

Los prados y la huerta completan la actividad agropecuaria de la casa. Detrás de ésta, el río Amaiukouro le confiere una extraordinaria belleza al entorno.

El valle del Baztán es uno de los más interesantes de la montaña navarra. Está compuesto por la unión de 15 pueblos que forman la Junta General del Valle.

Su actividad ganadera sobresale el último jueves de octubre gracias a su importante Feria Ganadera que se desarrolla en el recinto ferial de Elizondo.

En esa localidad, capital del valle, se celebra la fiesta comarcal del *Baztandarren biltzarra*, a mediados del mes de julio.

Siguiendo el valle baja otro ramal del Camino de Santiago, y son muchos los senderos señalizados en la comarca que permiten la práctica del senderismo con una total seguridad.

Echalar/Etxalar

Casa Domekenea
Tel.: (948) 63 50 31
31015 Echalar, Nafarroa
Habitaciones: 2 dobles

Precios: habitación doble 3.500 Pta., desayuno 300 Pta.
Propietaria: Francisca Damboriena

En el centro del pueblo de Echalar, en el barrio de Iñarreta, se encuentra esta casa. Con la residencia en la primera planta, consta de dos habitaciones dobles con baño incorporado, salón de estar, calefacción central y terraza.

Este lugar, una de las Cinco Villas de la montaña navarra, cuenta con varios edificios de arquitectura civil de interés. Su iglesia dedicada a la Asunción es del siglo XVII y delante de su pórtico aparecen una colección de estelas funerarias.

Con base en este lugar se pueden realizar varios recorridos por el sendero de pequeño trayecto NA 12, que desde el puerto de Ibardin conduce al de Lizarreta y desciende al pueblo. Por la cumbre fronteriza marcha la senda pirenaica.

Al comienzo del otoño el lugar se puebla de cazadores que llegan atraídos por la caza de la paloma que aquí se captura con red.

Son de gran calidad el queso y los embutidos de esta zona.

Elizondo

Casa Urruska
Tel.: (948) 45 21 06
Barrio de Bearzun
31700 Elizondo, Nafarroa
Habitaciones: 4 dobles y 1 individual
Precios: habitación doble 3.000 Pta., habitación individual 1.500 Pta., desayuno 300 Pta., comida 1.500 Pta., cena 1.250 Pta., supletorios 1.050 Pta., pensión completa 4.093 Pta., menores de 10 años pensión completa 3.360 Pta.
Propietaria: Joxepi Miura

Para los amantes de la naturaleza reúne un gran interés esta oferta de caserío situado a 6 kilómetros de Elizondo, de los cuales 2 kilómetros son de pista no asfaltada, por la que asciende el río Bearzun.

El caserío, habitado por los propietarios con sus cuatro hijos y la abuela, es un buen ejemplo de la explotación agropecuaria autosuficiente. Los frutos de la huerta, la leche, la carne, los huevos y otros productos, constituyen la dieta del visitante que comparte con los propietarios en la gran mesa familiar, delante de la chimenea. Los postres de leche son una delicia así como los embutidos caseros.

El trato afectivo completa el encanto de este lugar, desde el que se llega a las cumbres fronterizas con varios monumentos megalíticos dignos de ser visitados.

El espacio y la atmósfera que rodea a este caserío compensa el itinerario por la pista de acceso.

Errazu/Erratzu

Casa Etxebeltzea
Tel.: (948) 45 31 57
31714 Errazu, Nafarroa
Habitaciones: 3 dobles

Precios: habitación doble 6.000 Pta., desayuno 400 Pta.
Propietaria: Carmen Iturralde

Edificio construido en 1375 y situado en el centro del pueblo frente a la iglesia de San Pedro Apóstol, cerca de la unión de los ríos Arane y Baztán.

Delante del porche de la casa hay un jardín arbolado que corresponde a lo que antaño fue la era de trillar los cereales. La construcción sigue la tipología baztanesa pero dentro del conjunto urbano.

La primera planta dispone de un gran salón y tres habitaciones dobles con baño y calefacción. Destacan en la casa los muebles de maderas nobles y de clara tradición francesa. La vivienda tiene una interesante biblioteca de temas vascos, especialmente dedicados a los aficionados al estudio de las culturas autóctonas.

Desde Errazu se pueden planear excursiones al pico más alto de la zona: el Autza, de 1.306 metros, desde donde se observa una magnífica vista del Baztán y de la comarca francesa de Alduides.

Los ríos tienen especial importancia en esta verde zona; es muy interesante la cascada de Sorrosin, lugar en donde nace el río Baztán.

Perduran una gran variedad de monumentos megalíticos en los alrededores. Se puede montar en bicicleta y hacer recorridos a caballo. La oferta gastronómica de la comarca es muy importante, destacando las carnes y los quesos.

Errazu/Erratzu

Casa Kordoa
Tel.: (948) 45 32 22
31714 Errazu, Nafarroa
Habitaciones: 6 dobles

Precios: habitación doble 4.000 Pta., desayuno 350 Pta., derecho a cocina 500 Pta.
Propietaria: Josefina Marisko

Edificio situado entre Errazu y Arizkun, convenientemente señalado desde la carretera. Es un magnífico caserío, perfectamente restaurado, que dedica la planta baja a instalación de alojamiento. Sus propietarios tienen la vivienda en la planta superior.

Dispone de seis habitaciones dobles con baño, salón comedor, cocina, jardín y amplios prados que rodean el caserío. La casa es de tipología baztanesa y sorprende por su gran tamaño.

Los pueblos de la zona presumen de una gran belleza por lo que es interesante visitar los aislados caseríos que se dispersan por toda la comarca.

Zona eminentemente ganadera, ofrece productos caseros y artesanales, de gran tradición por estos pagos. Son muy conocidos los quesos, la *chistorra* o choricillo fresco y, entre la artesanía, destaca Errazu por sus trabajos en madera, utilizados para el ordeño y la elaboración del queso. Se trabaja, además, la artesanía de forja y los trabajos en piedra.

Izal

Casa Manchito **Tel.:** (948) 47 00 75 31451 Izal, Nafarroa **Habitaciones:** 3 dobles	**Precios:** habitación doble 3.200 Pta. **Propietarios:** Teo Samper

La casa, situada en el casco urbano de Izal, es un inmejorable ejemplo de la arquitectura de la zona. Con portada apuntada y balcón sobre el tejado, destaca la chimenea circular que cubre toda la antigua cocina.

En su interior se ha llevado a cabo una perfecta restauración al permitir tres habitaciones dobles y un baño, además de un salón de estar y la posibilidad de utilizar la cocina. Dispone de una terraza sobre los prados de la propiedad.

Los dueños son ganaderos con una explotación de ganado vacuno de raza pardo alpino.

Izal es un pequeño pueblo de dedicación ganadera, con una bella iglesia gótica bajo la advocación de San Vicente. Sobre el pueblo se encuentra la ermita de Nuestra Señora de Arburna, situada en una cima que da vista al valle de Salazar.

Se pueden realizar excursiones interesantes al dolmen de Larraun y al pico de Santa Cruz. Puede uno familiarizarse con la actividad ganadera de los propietarios y practicar labores agrícolas en la vecina huerta. Para los deportistas, el frontón local permite practicar el juego más tradicional de la zona.

Lizaso

Casa Artorena
Tel.: (948) 30 51 93/30 65 30
31799 Lizaso, Nafarroa
Habitaciones: 4 dobles

Precios: habitación doble 4.300 Pta., desayuno 350 Pta.
Propietarios: Ceferino Elizondo y Merche Melero

Edificio de piedra rehabilitado, que fue casa-palacio en época medieval, está situado en el pueblo de Lizaso, en el centro del valle de la Ulzama. La construcción dispone de cuatro habitaciones dobles, dos baños, cocina, asador, terraza, jardín y calefacción.

La rehabilitación en piedra y madera, junto con el mobiliario y el trato de Merche fomentan un encanto especial.

En la planta baja hay una gran maqueta del pueblo, obra de un familiar artesano y, detrás de la casa, un verde jardín.

El valle de la Ulzama ofrece muchas posibilidades de ocio. Desde la práctica del golf —a 1 kilómetro de la casa—, a la hípica en la localidad de Ostiz, o la pesca en los ríos de la zona.

Son famosos los carnavales de Lantz y las romerías a las ermitas del valle. En el monte próximo de Orgi, se pretende acondicionar en un futuro un espacio de interés naturalístico.

La gastronomía se basa en la carne y la leche. Son muy conocidos los quesos de Udabe y, en cada casa de ganadero, elaboran la cuajada tradicional o *mamiya*.

Muez

Casa Gatos Negros
Tel.: (948) 35 70 12
31176 Muez, Nafarroa
Habitaciones: 4 dobles y 1 cuádruple

Precios: habitación doble 3.600 Pta., desayuno 500 Pta., cena por encargo 2.000 Pta.
Propietarios: Udo Langen y Paula Topp

El pueblo de Muez, situado cerca del pantano de Alloz, se encuentra próximo a la tierra de Estella, donde en tiempos hubo un castillo. La casa se localiza en el centro del pueblo, junto a una casa-palacio y al lado de la iglesia de Santa Eulalia, de origen gótico.

La casa ofrece en la planta baja una gran sala con chimenea y, cinco habitaciones, en las dos plantas superiores: cuatro dobles y una con cuatro camas. Cuenta también con tres baños, salón de estar con chimenea, bar, dos cocinas, terrazas, piscina cubierta con hidromasaje y huerta.

El interés del alojamiento reside en gran parte en sus propietarios, de origen alemán, que adoran la zona que habitan.

La casa dispone de asador y horno de asar y, por ello, recibe encargos de cena con platos de cocina alemana, ahumados y carnes asadas. Paula elabora sabrosas mermeladas y licores de tomillo y licor de brujas.

A 1 kilómetro de la casa se encuentra el pantano de Alloz que permite el baño y la práctica de deportes acuáticos. Los conocimientos de la propietaria en materia de plantas, cocina y artesanía son un patrimonio añadido a esta casa tan particular.

Narvarte/Narbarte

Casa Matiñenea
Tel.: (948) 59 20 71
31793 Narbarte, Nafarroa
Habitaciones: 2 apartamentos con 2 habitaciones dobles con camas supletorias
Precios: fin de semana 17.000 Pta., semana 37.000 Pta.
Propietaria: Mercedes Cía

La casa se encuentra al otro lado del río Bidasoa, en la capital del valle de Bertiz. El alojamiento se sitúa en un caserío, el cual está adornado con el escudo del valle que representa una sirena con cabellos colgantes y en sus manos sostiene un peine y un espejo.

En la primera planta de la casa se hallan los dos cómodos apartamentos que se pueden alquilar de forma independiente. Un porche da acceso a los prados y la terraza ofrece una interesante vista sobre el río. Cada apartamento consta de dos habitaciones dobles con cama supletoria, cocina, salón con televisión, calefacción central, porche, espacio de juegos y prados alrededor de la casa.

En el Bidasoa se practica la pesca de salmón, cada vez más numeroso en sus aguas. El río permite también la práctica del piragüismo.

Son varios los caminos que, partiendo desde Narvarte, recorren la región y constituyen un itinerario de extraordinario interés, como el que sigue el trazado del antiguo ferrocarril de vía estrecha que unía el Baztán con Irún por la margen izquierda del río.

En Navarte es destacable el dolmen de Miate, cerca de la localidad de Sumbilla.

Ochagavía

Casa Osaba
Tel.: (948) 89 00 11
31680 Ochagavía, Nafarroa
Habitaciones: 4 dobles y 1 individual

Precios: habitación doble 3.000 Pta., desayuno 350 Pta.
Propietaria: Gabriela Moso

Edificación situada dentro del casco urbano de Ochagavía, con una fachada que refleja su origen medieval. Los propietarios residen en el mismo edificio y ofrecen cuatro habitaciones dobles, una individual, dos baños, cocina, terraza y calefacción central. Ochagavía es la población más característica del valle de Salazar; dicha entidad geográfica se funda en el siglo XI como organización administrativa de los ocho municipios del valle.

Ochagavía se encuentra dividida por el río Anduña y está formada por cuatro barrios unidos por tres puentes. Sobre la población se levanta la ermita de Nuestra Señora de Muskilda, que conserva restos románicos y celebra su fiesta el 8 de septiembre con las célebres danzas locales.

Ochagavía tiene una buena oferta de servicios. Las actividades de ocio están aseguradas a través de una empresa local que organiza cursillos de esquí de fondo, recorridos en BTT, senderismo y alguna que otra actividad más. El río Salazar, que atraviesa el valle, es rico en truchas. Además, los aficionados al montañismo pueden ascender al pico de Orhi —2.021 metros— a través del sendero de gran recorrido nº 12, o utilizar los GR 11-13 y la HRP francesa.

Orbaiceta

Casa Mendikoetxea
Tel.: (948) 76 60 50
Fábrica de Orbaiceta
31670 Orbaiceta, Nafarroa
Habitaciones: 3 dobles y camas supletorias
Precios: fin de semana 22.000 Pta.
Propietaria: Irene Chapar

Desde Orbaiceta y siguiendo el curso aguas arriba del río Irati, a 4 kilómetros, en el entorno de la antigua fábrica de Armas se encuentra la casa Mendikoetxea, detrás de la iglesia. Se alquila en la modalidad de casa entera, fórmula muy habitual en Navarra.

Ésta ofrece en la planta baja una sala y cocina perfectamente equipada y, en la planta superior, tres habitaciones dobles con dos baños y camas supletorias, con capacidad para nueve personas. Dispone de calefacción y almacén para bicicletas, amén de admitir perros en un corral cercano.

El barrio de la fábrica está formado por varias construcciones y un templo, restos de la antigua ferrería que funcionaba en el lugar desde el siglo XV con las aguas del río Legartza. En 1784, Carlos III construyó la fábrica de Armas.

Es zona de buenos pastos y ovejas con las que los propietarios de la casa elaboran un excelente queso.

Desde este enclave se puede recorrer una bella ruta siguiendo los restos megalíticos hasta el mítico monte Urkulu, con valiosos restos romanos. Cerca se encuentra la reserva natural de Mendilaz, con hayas de 35 metros de altura y un bosque apenas talado.

Oyeregui/Oieregi

Casa Matxinzenea
Tel.: (948) 59 20 80
31720 Oyeregui, Nafarroa
Habitaciones: 2 dobles
Precios: habitación doble 3.500 Pta., desayuno 375 Pta., derecho a cocina 600 Pta.
Propietarias: María Teresa Ireta y Amparo Laurnaga

La casa se sitúa en el casco urbano, cerca del palacio de Reparacea, que se construyó en el siglo XVII sobre las ruinas de otro palacio medieval.

El alojamiento se encuentra en la segunda planta de un bello edificio, con las habitaciones orientadas a la fachada.

Esta edificación está ubicada a escasos metros del parque natural del Señorío de Bertiz. Este enclave de gran interés naturalístico fue en otros tiempos un señorío que pasó a propiedad de don Pedro Ciga a comienzos del siglo XX. En la actualidad pertenece a la Diputación Foral de Navarra que lo declaró Parque Natural en 1984.

Desde la casa se puede salir a recorrer sus sendas entre bosques de diversas especies. El parque natural tiene una superficie de 2.000 hectáreas aproximadamente.

El jardín y el palacio se encuentran a pocos minutos de la casa. El Consorcio Turístico de Bertiz está allí enclavado —Tel. (948) 59 23 23— y constituye el punto de información adecuado sobre la comarca baztanesa.

Roncal-Valle de Roncal

Casa Indiano
Tel.: (948) 47 51 22
31415 Roncal-Valle de Roncal, Nafarroa
Habitaciones: 2 dobles y 1 individual

Precios: habitación doble 3.200 Pta.
Propietarios: Ana María Donazar y Arturo Galé Villacampa

Edificación tradicional situada en el barrio del Castillo, dispone de un jardín delantero que corresponde a la antigua era de la trilla de cereales.

La casa, decorada con muebles roncaleses, ofrece una terraza sobre el barranco de Arnizkuria y una buena vista sobre el valle del río Esca.

La parte destinada a los huéspedes forma una unidad dentro de la casa de los propietarios y ha sido restaurada por ellos debido a su experiencia laboral en carpintería. Se puede utilizar la cocina de la casa y tiene calefacción central.

Desde la propiedad del matrimonio Galé Donazar, expertos senderistas, se pueden proyectar interesantes excursiones por los bosques de la zona. Éstos, unos acompañantes de lujo, recomiendan el paseo a Nabarzato, un antiguo despoblado medieval que conserva la ermita de San Sebastián o la ascensión a Peña Ezkaurre, para montañeros más expertos.

Roncal es la capital del valle y posee una interesante arquitectura tradicional, en la que destaca en un alto la iglesia de San Esteban, del siglo XVI.

Ujué

Casa Iriarte
Tel.: (948) 70 05 41
31496 Ujué, Nafarroa
Habitaciones: 2 dobles, 1 individual y 1 doble abuhardillada

Precios: fin de semana 23.000 Pta., semana 43.000 Pta.
Propietarios: Mª José Bellarde

Ujué desde su altura se asoma hacia los Pirineos y las tierras de la Ribera ofreciendo una espléndida vista de la parte oriental y sur de Navarra. Dentro de la fisonomía medieval de la localidad, destaca la impresionante iglesia-fortaleza de Santa María, templo románico del siglo XI, ampliado en el XIV, que constituye hoy una de las más celebradas muestras del gótico navarro.

La dueña es una mujer encantadora que recibe a los huéspedes en la casa alquilada. Toda la fachada es de piedra de sillería, con tres plantas. La puerta data del siglo XVI. Los muebles son del siglo pasado y están perfectamente conservados. Constituye una vivienda muy amplia, con una sala, comedor, cocina con chimenea de leña, dos habitaciones dobles, una individual y una doble en la tercera planta abuhardillada. Hay calefacción.

Se puede practicar senderismo, alquilar bicicletas en Tafalla y visitar los pueblos de alrededor como Olite, un conjunto monumental de viejas calles y casas nobles. Destaca también el recinto medieval de Artajona. En Ujué hay dos mesones que ofrecen comida típica.

Urdazubi/Urdax

Casa Karakoetxea
Tel.: (948) 59 91 36
31711 Urdazubi, Nafarroa
Habitaciones: 4 habitaciones dobles

Precios: fin de semana 20.000 Pta., semana 56.000 Pta.
Propietaria: Juana María Urriza

La casa, exponente típico de la zona, cuenta con más de 300 años y está rehabilitada con madera y piedra roja. Consta de cuatro habitaciones dobles, dos baños, cocina-comedor con TV, calefacción central, patio y zona verde. Los propietarios viven a cinco minutos y esperan a los clientes en la casa que alquilan.

Situada en el barrio de Lordas, cerca de las cuevas, es un magnífico caserío restaurado. El pueblo de Urdax surgió en el siglo XV alrededor del monasterio de San Salvador, del cual queda el templo y restos de edificaciones.

La población dispone de una bella estructura urbana y de interesantes edificios a la vera del río Orabidea.

Un importante atractivo lo constituyen las cuevas, situadas cerca del alojamiento, con curiosas formas de estalactitas y recorridos pintorescos por el río Urtxuma.

A corta distancia se encuentran las famosas cuevas de Zugarramurdi, relacionadas con la brujería y los procesos de la Inquisición.

La zona permite interesantes excursiones recorriendo la *muga* o divisoria fronteriza, muy próxima al caserío.

Valcarlos/Luzaide-Valcarlos

Casa Etxezuria
Tel.: (948) 79 00 11
31660 Valcarlos, Nafarroa
Habitaciones: 2 dobles y camas supletorias

Precios: habitación doble 3.200 Pta., desayuno 350 Pta.
Propietaria: Rosa Arrosagaray

Edificio de gran interés arquitectónico, situado a la salida del pueblo de Valcarlos, fue residencia de monjas y antiguo convento desde hace 400 años. En su jardín hay varios ejemplares de castaño de Indias y cedros de gran porte. Dispone de dos habitaciones dobles con cama supletoria, un baño, salón con chimenea y jardín.

Situado sobre la orilla del río Luzaide, que se convierte en la Nive francesa, da vista al barrio de Ondarrola por donde discurre el Camino de Napoleón, senda jacobea que conduce al Alto de Ibañeta para, finalmente, llegar al enclave mariano de Roncesvalles.

La casa posee un encanto especial; el estilo de sus muebles y la dedicación de sus propietarios contribuyen a ello. Dentro de la oferta se encuentran los productos elaborados en la casa, como el paté, las mermeladas y los licores.

Los propietarios disponen de otro alojamiento con la fórmula de casa entera, en un lugar aislado y muy bello.

Valcarlos es el único enclave navarro en la vertiente francesa. Se encuentra a 40 minutos de las playas de Bayona, en Francia. Su oferta de senderismo es muy atractiva.

Drados

Casal de Drados
Tel.: (988) 30 42 35
32786 Drados-Chandrexa de Queixa, Ourense
Habitaciones: 8 dobles y 1 apartamento

Precios: habitación doble 5.300-6.300 Pta., casa completa 6.000 Pta.
Propietarios: Carmen Álvarez y Ovidio Fernández

Chandrexa de Queixa está enclavado en el cuadrante suroriental de Galicia, en el corazón del macizo Central Orensano, con una de las más amplias extensiones montañosas de la comunidad.

En lo alto de la sierra del Burgo y sierra de Drados, en el origen de uno de los muchos arroyos que forman el Navea, se encuentra el pueblo de Drados, en el que se ubica el Casal.

Es una casa antigua restaurada y los dueños han reformado una parte para dedicarla al turismo rural. Ofrecen seis habitaciones dobles, cuatro de ellas con baño incluido, salón decorado con muebles antiguos y comedor con chimenea donde sirven cenas. Además tiene un apartamento con dos habitaciones dobles, baño, salón y cocina. Cuenta con un jardín y finca alrededor de la casa.

Hay recorridos señalizados para hacer senderismo a través de bosques, fragas, praderías y arroyos. Las rutas a caballo, el parapente y las interesantísimas rutas culturales son alicientes irresistibles para el visitante con inquietudes. También se puede participar en las tareas agrícolas y ganaderas así como en la explotación de ovino y caprino anexa a la casa, con más de mil animales. La estación invernal de Manzaneda está a 16 kilómetros de distancia.

Lugar de Mein

Viña Mein **Tel.:** (988) 48 84 00 (908) 88 70 59 32420 Lugar de Mein-San Clodio, Leiro, Ourense	**Habitaciones:** 3 dobles **Precios:** habitación doble con desayuno 7.000 Pta. **Propietario:** Javier Álvarez López

A Viña Mein se llega por las carreteras nacionales Orense-Vigo y Orense-Pontevedra, desviándose en Ribadavia o Carballino, respectivamente, para llegar, después de 10 kilómetros, a San Clodio, de cuya plaza parte la carretera que muere en la propia casa. San Clodio está frente a Leiro, cabeza del municipio, a la otra orilla del río Avia.

Viña Mein es una casa de campo grande, situada en el corazón de la zona vitivinícola del Ribeiro. Dispone de tres habitaciones con baño decoradas al estilo rústico gallego, salón amplio con chimenea, un balcón cubierto y un mirador.

Al lado de la casa está la bodega, donde se produce el Casal de Mein, vino ribeiro blanco con variedades de uva autóctonas.

Se pueden hacer excursiones por la zona, senderismo y practicar bicicleta de montaña. A 10 kilómetros se levanta orgullosa Rivadavia, ciudad medieval con judería, románico y museo etnológico. El embalse de Castrelo de Miño permite practicar vela o windsurf en su club náutico. También se pueden hacer cruceros por el río Miño en el gran catamarán.

Sampaio

Pazo a Fábrica
Tel.: (988) 43 20 92
32817 Sampaio-Celanova, Ourense
Habitaciones: 6 dobles y 1 *suite*
Precios: habitación doble 6.542 Pta.
Propietaria: Antonia Gravier Aranda

Situado en la aldea de Sampaio de Veiga, a 3 kilómetros de Celanova y a 29 de Ourense, este pazo fue construido en el siglo XVIII y era, a la vez, vivienda y fábrica de curtidos. La actual propietaria lo compró a los herederos de los Marquina Meleiro.

Está rodeado de una finca de 16.000 metros cuadrados, con árboles frutales, camelios, un gran rododendro, un ciprés, un magnolio y un gigantesco eucaliptus, muchos de ellos centenarios. Además se halla un pequeño estanque con truchas, un antiguo palomar circular y una capilla del siglo XVIII.

El Pazo ofrece seis habitaciones dobles con baño, calefacción, teléfono y TV, y una *suite* familiar con salón, dos baños y terraza privada. Todas ellas decoradas con cabezales distintos de madera y hierro.

También hay un salón con muebles clásicos de madera, sala con chimenea, biblioteca, galería y bar. Sirven desayunos y cenas si los clientes las solicitan. Los huéspedes pueden participar en el cuidado del jardín y de la finca.

Se puede visitar Celanova, la villa medieval de Vilanova y Allariz. En el embalse de las Conchas se practican todo tipo de deportes náuticos.

Arbejal

Casa Simón
Tel.: (979) 87 04 50
34843 Arbejal, Palencia
Habitaciones: 5 dobles
Precios: habitación doble con baño 5.700 Pta., habitación doble sin baño 4.500 Pta.
Propietaria: Mª Antonia Rodríguez

En la margen izquierda del río Pisuerga, después de abandonar el embalse de Requejada, se asienta el pueblo, a 1.027 metros de altitud. El río proporciona áreas de baño y sombra para el verano, con un coto truchero donde practicar la pesca. Cervera de Pisuerga —a 2 kilómetros de la localidad— es una ciudad hidalga de fachadas de piedra blanca y aleros tallados, con plaza porticada de columnas de piedra.

La casa se localiza dentro del casco urbano. El interior se ha rehabilitado manteniendo la estructura de madera vista original. El salón de estar y el comedor son acogedores, con su chimenea tradicional y objetos de antiguos usos en alacenas y rincones, además de la calefacción en toda la casa. Las habitaciones incorporan baño en tres de ellas y otras dos lo comparten.

La estancia ofrece pensión alimenticia con la incorporación de productos típicos de la cocina palentina, como la ternera de Cervera de Pisuerga y los productos de la matanza del cerdo: las típicas sopas de mondongo, *jijas*, chorizos, lomos y suculentas morcillas. Casa Simón oferta recorridos a caballo por las sierras cercanas.

Barajores de la Peña

Casa El Soto
Tel.: (979) 87 04 50
34878 Barajores de la Peña, Palencia
Habitaciones: 2 dobles y 1 individual

Precios: fin de semana 25.000 Pta., semana 45.000 Pta.
Propietario: Juan Carlos Crespo de las Heras

El pueblo se encuentra situado a 1.000 metros de altitud, en medio de una fértil vega, formada por los numerosos ríos y arroyos que descienden de la sierra del Brezo, rodeado de suaves colinas donde alterna el praderío y el bosque. El pico Peña del Fraile —2.067 metros— es el punto más alto de la sierra.

Este alojamiento de alquiler completo es una antigua casa solariega restaurada, con fachada de piedra en dos alturas y amplio jardín con orientación al mediodía. Dispone de cocina completamente equipada, comedor y sala de estar con chimenea, todo ello en la primera planta. En la segunda planta, con amplias ventanas, se sitúan las tres habitaciones con un baño compartido. Cuenta, además, de calefacción y agua caliente.

La Asociación Red de Turismo Rural de la Montaña Palentina dispone de una amplia información sobre todos los servicios complementarios y actividades disponibles en la zona: excursiones a caballo, taxi de montaña, bus verde, rutas guiadas de naturaleza, Centro Experimental de Formación Artesana, senderismo en libertad y cursos de deportes de alta montaña, entre otros...

Brañosera

Casa Calderón
Tel.: (979) 10 74 26
34003 Brañosera, Palencia
Habitaciones: 5 dobles

Precios: fin de semana 30.000 Pta., semana 60.000 Pta.
Propietario: Agapito Calderón Abad

El origen de la población se remonta a la época romana, conocida como Brannia Osera. La localidad recibe en el año 824 el primer fuero municipal de España. Se encuentra a 1.290 metros de altitud, en plena sierra de Hijar, al pie del pico Valdecebollas —2.143 metros—, rodeada de grandes masas de bosques de roble, hayedos, abedules y bosques mixtos en los cauces de los ríos.

La casa se enmarca dentro del casco urbano, con fachada de piedra. El edificio ha sido rehabilitado y conserva toda la estructura original. En la planta baja, con estructura de madera y paredes de piedra vista, se encuentran la amplia cocina equipada, el comedor, salón y un baño. En la primera planta se distribuyen tres habitaciones dobles y otras dos con cama de matrimonio —amplias y con buenos detalles—, con un baño completo.

Brasoñcra está incluida en la ruta del románico rural con su iglesia de Santa Eulalia, que conscrva la portada románica del siglo XII. La comarca es idónea para entrar en contacto con la naturaleza a través de sus sendas y caminos o disfrutar del encanto de los pueblos cercanos.

Castrejón de la Peña

Casa Tarabás
Tel.: (979) 87 04 50
34850 Castrejón de la Peña, Palencia
Habitaciones: 5 dobles

Precios: fin de semana 32.000 Pta., semana 67.000 Pta.
Propietario: Manuel Jesús Marganes Peral

La localidad se encuentra situada al pie de la vertiente sur de la sierra del Brezo, en la montaña palentina, protegida al norte por la cordillera Cantábrica, en la que se encuentra la Peña Redonda, donde descansa recostado el *gigante del valle estrecho*, según cuenta la tradición. El pueblo se sitúa a 1.121 metros de altitud y cuenta con 450 habitantes.

El edificio forma parte de una casa señorial del siglo XVI, de la que se han recuperado algunas dependencias de las que constituían la antigua casa de labranza. Dispone de cuatro habitaciones dobles y una de matrimonio, con dos baños completos compartidos. La cocina tradicional, completamente equipada, tiene un horno de leña. Además posee salón con chimenea, todo en un ambiente rústico, en el cual se integra el mobiliario, completado por una barbacoa en el patio, con espacio cubierto para comer.

Los propietarios asesoran y acompañan a los clientes, si sus actividades se lo permiten, en las rutas senderistas y de bicicleta de montaña por la comarca. En Cervera de Pisuerga —a 11 kilómetros— se pueden contratar servicios de guías y transporte para recorrer la zona.

Cervera de Pisuerga

Casa Goyetes
Tel.: (979) 87 05 68
Feria Viejo, 2
34840 Cervera de Pisuerga,
Palencia
Habitaciones: 4 dobles y 2 individuales
Precios: habitación doble 2.750 Pta., habitación individual 3.500 Pta.
Propietario: Antolín García Goméz

Cervera es el centro de la montaña palentina, a orillas del Pisuerga, rodeada de bosques y los embalses de Ruesga al oeste y Requejada al norte. La villa fue una de las vías romanas hacia Cantabria y ciudad fronteriza durante la Reconquista. En sus calles se conservan buenas muestras de su pasado hidalgo, con casonas blasonadas en sus fachadas de piedra blanca y su plaza porticada. Entre su patrimonio destaca la iglesia parroquial de Santa María del Castillo, obra gótica del siglo XVI.

La casa, de grandes dimensiones, se encuentra dentro del casco urbano. Restaurada recientemente, conserva la estructura original de muros de piedra en la planta baja, ladrillo visto en la segunda y enfoscado en la tercera, con la estructura de madera vista. En la planta baja se halla la vivienda de los propietarios, y un amplio salón con chimenea completo y mesas para el servicio de desayuno. En la segunda están las cuatro habitaciones dobles con baño incluido y dos individuales también con baño, con madera en suelo y techo. Diversos aperos de labranza decoran los rincones.

Ligüerzana

Casa Mediavilla
Tel.: (979) 87 04 50
34839 Ligüerzana, Palencia
Habitaciones: 2 *suites* y 2 individuales

Precios: *suite* 5.000 Pta., habitación individual 3.500 Pta.
Propietario: SAT Fuente Llende

El pueblo, de 70 habitantes y 976 metros de altitud, se encuentra situado a 4,5 kilómetros de Cervera de Pisuerga, en dirección a Aguilar de Campoo. A orillas del río Pisuerga y rodeado de montañas y bosques de roble, con algunas manchas de hayedo en las umbrías, se levanta esta sin par población.

La casa es antigua, restaurada con fachada de piedra en dos plantas y buhardilla. En la primera planta se conserva el entramado de vigas originales y se localizan el comedor y dos salones, uno de ellos con chimenea. En la primera planta se encuentran también las dos *suites* completas, que constan de habitación doble, con cabezales de hierro antiguos, salón y baño. La última planta está ocupada por dos habitaciones individuales con baño incluido. El mobiliario es nuevo, de madera de pino.

Se ofrecen comidas caseras con los productos de la comarca. Se puede practicar la pesca en los ríos cercanos y recorrer las sendas y caminos tradicionales a pie o en bicicleta de montaña. Las excursiones por la ruta de los Cinco Pantanos y el nacimiento del Pisuerga merecen la pena.

Olleros de Paredes Rubias

Casa del Ebro
Tel.: (979) 18 13 23
34814 Olleros de Paredes Rubias, Palencia
Habitaciones: 7 dobles

Precios: habitación doble 5.500 Pta.
Propietarios: Carlos Lamalfa y Genoveva Díaz

El valle cántabro de Valderredible se adentra en la montaña palentina, en un entorno rodeado de bosques de robles y de hayas, donde desde muy antiguo moraban eremitas que dejaron constancia de su asentamiento en los numerosos eremitorios e iglesias rupestres excavadas en la roca. El rómanico llegó al valle a través de uno de los más viejos y atractivos Caminos de Santiago.

Cerca del río Ebro se localiza el pueblo, de 13 habitantes, buena muestra de conservación de núcleo rural, donde se halla este antiguo caserón de piedra de dos plantas, que ofrece siete habitaciones dobles con baño, sala de estar y comedor con chimenea, dentro de un ambiente acogedor y confortable. Una sala de masajes y terapias naturales, y un amplio jardín con huerto completan la oferta.

Sus propietarios, un arqueólogo y una enfermera, inician a sus clientes en el conocimiento del arte rupestre de la zona y las artes curativas naturales o hacen propuestas para la práctica del senderismo y rafting en el Ebro. Visitas interesantes son las del pintoresco pueblo de Orbaneja del Castillo, a la colegiata románica de San Martín de Elines o recorrer la cueva de Los Franceses. Se sirven comidas caseras.

Salinas de Pisuerga

Casa Las Campanas **Tel.:** (979) 12 01 18 34830 Salinas de Pisuerga, Palencia	**Habitaciones:** 6 dobles **Precios:** habitación doble 5.500 Pta.

Salinas de Pisuerga, en otro tiempo población deshabitada, se sitúa al norte del embalse de Aguilar, entre las poblaciones de Cervera de Pisuerga y Aguilar de Campoo.

La comarca es rica en manifestaciones de románico rural, con interesantes muestras, como la iglesia de Matalbaniega —siglo XII—, Valberzoso —XV— y los pueblos medievales de Villanueva de Torre y Brasoñera.

Bosques frondosos de roble se asientan en las laderas más soleadas, acompañados por bosques de ribera a orillas del río Pisuerga.

El edificio, de planta cuadrada con tres pisos, ha recuperado su antigua actividad, dedicada a fonda y bar del pueblo. Los anchos muros del edificio han sido rehabilitados para dejar al descubierto las piedras de la fachada y algunas paredes en el interior de la casa. Las seis habitaciones dobles con baño se distribuyen en las dos plantas superiores; los salones de estar con chimenea, el de lectura y el de TV, ocupan la planta baja y la superior, con techos abuhardillados y mucha luz natural.

Desde el pueblo se puede realizar la ruta de los Pantanos, con sus historias de pueblos anegados. Cinco embalses componen el recorrido: el de Compuerto, Camporredondo, Ruesga, Requejada y Aguilar de Campoo.

San Salvador de Cantamuda

Casa Peña Tremaya
Tel.: (979) 87 90 87/87 90 27
34003 San Salvador de Cantamuda, Palencia

Habitaciones: 4 triples
Precios: habitación triple 3.900 Pta.
Propietarios: Luzavi S.L.

Capital del valle de La Pernía, comarca de la cuenca alta del Pisuerga, al pie de la vertiente sur del macizo de Peña Labra y la sierra de Peñas Albas, con la vecindad de Fuentes Carrionas y la comarca cántabra de Liébana. Su altitud es de 1.100 metros y se encuentra a 12 kilómetros de Cervera de Pisuerga, en la carretera de Potes, junto al embalse de Requejada, rodeado de bosques y de altas cumbres que configuran un magnífico paisaje.

La casa pertenece a la categoría de Centros de Turismo Rural, dentro de un edificio de arquitectura tradicional con oferta de restauración y actividades complementarias. El centro ofrece cuatro habitaciones triples, con posibilidad de una cama supletoria y dos baños compartidos, sala de estar con chimenea y calefacción en un ambiente agradable.

La proximidad del embalse de Requejada permite observar una importante avifauna acuática. Siguiendo valle arriba, hasta el puerto de Piedrasluengas, cerca del nacimiento del Pisuerga, se halla un pequeño mirador, desde donde se divisan los espectaculares Picos de Europa y la reserva nacional del Saja.

Valoria de Aguilar

Casas de la Torre
Tel.: (979) 12 20 00/12 25 22
34812 Valoria de Aguilar, Palencia
Habitaciones: 5 casas completas

Precios: fin de semana 19.000-24.000 Pta., semana 39.000-46.500 Pta.
Propietario: Fundación Santa María la Real

A 4 kilómetros de Aguilar de Campoo, junto a la carretera Palencia-Santander y muy cerca del cañón de la Horadada, en el río Pisuerga y cerca del singular paraje geológico de Las Tuerces, se halla esta localidad. Se trata de una formación geológica calcárea, que las aguas y los agentes atmosféricos han erosionado, formando distintos callejones, puentes y setones de caliza, que la tradición popular ha bautizado con nombres como Peña Mesa, la Tuta, los Callejos y los Reyes Católicos.

El conjunto de cinco casas se distribuye alrededor de una torre del siglo XVII restaurada. Tres de las casas tienen capacidad para seis personas y las otras dos para cuatro. Cuentan con cocina completa y salón comedor en la planta baja y dos habitaciones con un baño en la planta superior. El mobiliario es nuevo, de estilo rústico adaptado al lugar.

Cerca se encuentra el diminuto pueblo de Gama que conserva un impresionante valle cárstico-cerrado. En Revilla de Pomar se puede visitar, de mayo a octubre, la cueva de Los Franceses, con impresionantes estalagmitas y estalactitas vivas.

Casa de Arcos
Tel.: (986) 71 54 54/22 50 83
Arcos-Mosteiro
36637 Meis, Pontevedra
Habitaciones: 3 dobles

Precios: habitación doble con desayuno 10.000-15.000 Pta.
Propietario: Valentín Otero Ruidal

Situada en el valle del Salnes, es conocida por ser la zona del vino albariño, por sus pazos y casonas gallegas.
Es una casa de piedra antigua de más de 100 años, restaurada, con una superficie edificada de 500 metros cuadrados. Está ubicada en la ladera de un monte y ofrece tres habitaciones dobles muy amplias, con baño, un gran salón con chimenea, comedor y calefacción. Los muebles utilizados para la decoración son antiguos. Sirven cenas. El jardín está dividido en dos zonas: una como aparcamiento y la otra con piscina y porche con terrazas.

Los dueños poseen una pequeña bodega de albariño en la finca, al lado de la casa. Como actividades de ocio destacan: los paseos a caballo en verano, la pesca en los ríos próximos, la práctica de deportes acuáticos en las playas y jugar al golf —a menos de 20 kilómetros se halla un campo de golf—. Además se puede visitar Sangenjo, Villagarcía de Arosa, Cambados y Pontevedra que están a 8 minutos de la casa, y a 25 minutos de Vigo y Santiago de Compostela por autopista.

Candelario

Casa Artesa
Tel.: (923) 41 31 11/43 52 23
Mayor, 57
37007 Candelario, Salamanca
Habitaciones: 9 dobles

Precios: habitación doble 5.000 Pta.
Propietario: Centro Oficios Artísticos Artesa, S.A.

El pueblo pasa por ser uno de los más bellos y mejor conservados de la provincia. Sus orígenes se remontan a épocas anteriores a Cristo, cuando grupos de pastores provenientes de Asturias poblaron la zona. Las calles estrechas y empinadas se adornan con balconadas de madera y *batipuertas* —dobles puertas contra el frío—. Destacan por su interés artístico la iglesia de Nuestra Señora de la Asunción —siglo XVI—, con ocho arcadas románicas, y la ermita del Cristo del Refugio.

En el centro del casco urbano se sitúa el edificio de principio de siglo de cuatro plantas, con categoría de Centro de Turismo Rural. Vigas de castaño y suelos de mosaico y barro de diferentes épocas adornan la casa. La segunda planta acoge el salón social y el restaurante, con menús modernos y tradicionales a base de cocidos y carnes. Cinco de las habitaciones disponen de baño; dos de ellas ocupan la última planta abuhardillada y, el resto, con dos baños completos a compartir.

El Centro dispone de aulas donde se imparten cursos de bordados, cerámica y madera. A 3 kilómetros se halla La Cruz del Herrerito, zona recreativa entre bosques de pinos. En el lugar llamado El Travieso se puede esquiar en invierno.

Cepeda

Casa El Solano
Tel.: (923) 43 21 44
37656 Cepeda, Salamanca
Habitaciones: 2 dobles

Precios: habitación doble 3.000 Pta.
Propietario: Amable Gómez

La comarca salmantina de la sierra de Francia se sitúa en los límites de la España húmeda, en una combinación perfecta de su naturaleza de influencia atlántica con bosques de hoja caduca: castaños y robles, principalmente, y la mediterránea, con árboles de hoja perenne: encinas, alcornoques y cultivos como la vid y el olivo. El aspecto humano viene marcado por su situación de encrucijada: entre el norte castellano-leonés y el sur extremeño-andaluz, entre lo hispano y lo portugués.

La casa se ubica en la parte superior del núcleo urbano, junto a la iglesia. Su construcción es tradicional, con recios muros de piedra de mampostería y fachada orientada al mediodía. Ofrece una habitación doble y una de matrimonio, ambas espaciosas, con un cuarto de baño completo, todo en la primera planta. El salón con chimenea se comparte con la amable charla de sus propietarios. También dispone de calefacción e hilo musical en las habitaciones.

Para completar el descanso en estas tranquilas tierras la casa ofrece servicios de sauna, hidromasaje y gimnasia.

La situación de Cepeda, en el fondo de un valle, permite realizar interesantes paseos a pie o a caballo por la próxima sierra de La Alberca o visitar pueblos declarados de interés histórico artístico como Mogarraz.

Miranda del Castañar

Casa Enrique **Tel.:** (923) 43 21 69/43 20 20 San Ginés, 6 37660 Miranda del Castañar, Salamanca	**Habitaciones:** 1 doble **Precios:** habitación doble 3.500 Pta. **Propietario:** Enrique Hernández

Miranda es uno de los pueblos de la sierra de Francia declarados conjunto histórico artístico. Recorriendo sus calles empedradas, con misteriosos rincones, con un trazado urbano que se asemeja a las juderías, con predominio de lo interior, de lo recogido, o con una *casbah* árabe llena de laberintos, el visitante parece encontrarse trasladado a una dimensión pasada. Las viviendas serranas se fundamentan sobre una base de granito —abundante en la zona—, con armazón de madera de castaño generalmente, recubiertos por piedras y revocados con barro o con cal, con balcones, ventanas y ventanitas en las fachadas principales.

La casa se sitúa en una de las calles más empinadas del casco urbano, con las características de la vivienda tradicional. Cuenta con una única habitación doble con baño incluido en la primera planta, ideal para el mejor descanso. El salón se comparte en amable charla con los propietarios.

Se puede conseguir, de compras por el pueblo, calzado charro y botas camperas que elabora Agapito Hernández, bordados de Magdalena Maíllo o trabajos de joyería y filigrana que realiza Ángel Cascón. El visitante puede conocer pueblos de gran interés como La Alberca, San Martín del Castañar y Mogarraz.

San Martín del Castañar

Casa El Linar	**Habitaciones:** 11 dobles
Tel.: (923) 43 72 01/16 11 16	**Precios:** habitación doble 7.500 Pta.
36759 San Martín del Castañar, Salamanca	**Propietario:** Equipo Ocio, S.A.

La naturaleza, además de los pueblos y sus gentes, es el gran recurso de la sierra de Francia. La presencia humana se advierte desde antiguo en las pinturas rupestres existentes en algunos enclaves y en las pequeñas terrazas, escalonadas en las laderas, con cerezos y vides, que el hombre ha ido modelando entre riscos y laderas pobladas de bosques de roble y castaños.

El Centro de Turismo Rural se encuentra a 2 kilómetros de San Martín del Castañar, en el cruce de carreteras de Sequeros y San Martín. El edificio es de nueva construcción, respetando la tipología de la zona y sus materiales básicos: madera, piedra y cal morena. El Centro ofrece 11 habitaciones dobles con baño —personalizadas con los nombres de los lugares más representativos de la comarca: sierra de Francia, Las Batuecas...—, con tarima de roble, calefacción, teléfono y buenas vistas al valle. El diseño del espacio es funcional al igual que el mobiliario.

Dispone de un eco-parque, con un itinerario de 1 kilómetro, donde están representados los ecosistemas más representativos de la zona. Además, dispone de aulas para realizar actividades y restaurante, donde se ofrecen los platos típicos de la zona.

San Martín del Castañar

La Posada de San Martín
Tel.: (923) 21 14 47/47 70 36
Larga, 1
36759 San Martín del Castañar, Salamanca

Habitaciones: 5 dobles
Precios: habitación doble 5.000 Pta.
Propietario: Posada de San Martín, S.L.

San Martín ha sabido conservar su encanto popular en las callejuelas estrechas, tortuosas, con placitas irregulares y los elementos cristianos, islámicos y judaicos de su arquitectura. Junto al castillo, que hace las veces de cementerio, se encuentra una de las más antiguas plazas de toros de España, con burladeros de piedra. Todo el pueblo ha sido declarado de interés histórico artístico, donde destaca su iglesia del siglo XIII y las ermitas del Socorro y Humilladero

La Posada es un antiguo edificio de muros de piedra, entramados de madera y balcones, dispuestos en cuatro plantas y rehabilitado por el Ayuntamiento de San Martín. Se encuentra dentro del núcleo de la población. Dispone de amplio salón y restaurante, más cinco habitaciones dobles con baño incluido, teléfono y TV en las plantas superiores. El mobiliario es obra de una escuela-taller del pueblo, que copian modelos antiguos con gran acierto.

En el restaurante se pueden degustar platos y productos de la gastronomía local, como embutidos, patatas *meneás,* cabrito, tostón y cordero. En los alrededores se asientan los pueblos de interés histórico artístico de La Alberca, Mogarraz y Miranda del Castañar.

Villanueva del Conde

Casa Cumbre
Tel.: (923) 16 04 10
La Cumbre, 1
37658 Villanueva del Conde, Salamanca
Habitaciones: 2 dobles y 2 individuales
Precios: fin de semana 14.000-17.000 Pta., semana 23.000-26.000 Pta.
Propietario: José Luis García Benito

Villanueva conserva una tipología urbana defensiva sorprendente, donde el propio caserío forma los distintos lados de una muralla que no lo parece. En el interior queda un amplio espacio libre ocupado por parcelas de huerta pertenecientes a las viviendas.
Casa Cumbre es una vivienda tradicional de muros de piedra en la primera planta, entramados de madera en la segunda y solana en la planta superior, ubicada dentro del casco urbano. La casa ofrece una cocina-salón con chimenea, dos baños completos para dos habitaciones dobles una con cama de matrimonio, y dos habitaciones individuales. Además dispone de calefacción y jardín.

La comarca cuenta con una buena infraestructura para la práctica del senderismo con itinerarios señalizados: la Ruta del Alagón (PR-SA-1), que atraviesa una diversidad paisajística sorprendente a través del curso del río Alagón; la Ruta de la Plata (un tramo del GR-100), que recorre la calzada romana de la Plata, y la Ruta del Francia-Cuerpo del Hombre (un tramo del GR-10), desde Peña de Francia hasta la sierra de Béjar.

Prádena de la Sierra

Posada del Acebo
Tel.: (921) 50 72 60
La Iglesia, 7
40165 Prádena de la Sierra,
Segovia

Habitaciones: 8 dobles
Precios: 7.000 Pta, habitación doble, con desayuno incluido
Propietario: Ramón Martín Rozas

Prádena de la Sierra se asienta en la cara norte de la sierra de Guadarrama, entre los puertos de Somosierra y Navafría, en plena N-III. La tradición transhumante de la comarca viene del siglo XVIII, cuando los rebaños de ovejas merinas recorrían las cañadas y cordeles en su viaje hacia el sur. Estas vías pastoriles se mantienen en uso todavía y permiten recorrer sus verdes prados, bosques de roble, sabinares centenarios y las manchas de acebos más importantes de Europa.

El edificio es una antigua casona de ganaderos de 1792, rehabilitada en sobrio estilo castellano. En sus tres plantas se distribuyen el salón con chimenea, que hace las veces de comedor, y sus ocho habitaciones confortables, con techos abuhardillados en la planta superior, mobiliario antiguo y baño incluido.

Las buenas comunicaciones acercan pueblos cargados de historia. Abundan los espacios naturales impresionantes como el parque natural de las Hoces del río Duratón, con importantes colonias de buitre leonado y paisaje espectacular. La degustación de platos típicos de la cocina tradicional, como la famosa caldereta de Prádena, pueden llenar los días por tierras segovianas.

Carmona

El Triguero
Tel.: (91) 411 69 74
Ctra. Carmona-El Viso del Alcor
41410 Carmona, Sevilla

Habitaciones: 7 dobles y 2 individuales
Precios: habitación individual con desayuno 3.500 Pta.
Propietaria: Teresa Mencos

Está situado a 4 kilómetros de Carmona —antigua ciudad romana—, y a 33 kilómetros de Sevilla. El cortijo, totalmente rehabilitado, está decorado con excelente gusto y ofrece la tranquilidad y el sosiego propios de un entorno de naranjos y campos de labor. La hacienda dispone de nueve habitaciones, todas ellas con baño excepto dos que comparten uno, dos salones, uno de ellos con chimenea, calefacción y piscina.

A 1 kilómetro se encuentra una casita con una plaza de toros y ganadería brava a la que los huéspedes pueden acercarse. El visitante puede, también, familiarizarse con las actividades agrícolas, alquilar un caballo en un picadero situado a 3 kilómetros de la estancia, y visitar el coto de Doñana a 70 kilómetros. Se facilita información sobre las posibilidades de ocio que ofrece el cortijo.

Cazalla de la Sierra

Las Navezuelas
Tel.: (95) 488 47 64
41370 Cazalla de la Sierra, Sevilla
Habitaciones: 8 dobles

Precios: habitación doble con desayuno 5.500-6.500 Pta., casa completa 8.500-12.000 Pta.
Propietario: Luca Chicorella

En un gran valle, rodeada de bosques de encinas y olivos a 600 metros de altitud, Las Navezuelas es una finca de verdes prados que comprenden 136 hectáreas. En sus dehesas hay ovejas, cerdo ibérico, jabalíes y venados. Cazalla de la Sierra, en el parque natural de Sierra Morena, es un pueblo de casas blancas situado en la antigua Ruta de la Plata.

Las Navezuelas tiene su origen en un antiguo molino de aceite del siglo XVII. El cortijo y sus dependencias se han configurado en habitaciones dobles y sencillas con baño, y en salones y comedores donde se ofrecen platos de la región con productos de la finca. Hay además dos apartamentos para dos y seis personas respectivamente.

Existe la posibilidad de participar en sus talleres de alfarería, cerámica, en la elaboración de mermeladas así como de disfrutar de las actividades propias de la jardinería. Contemplar la naturaleza desde privilegiados observatorios, pasear a caballo o en bicicleta, gozar de sus jardines con palmeras y frutales y sestear en las terrazas que rodean la casa, son algunas de las posibilidades que se ofrecen al visitante.

Constantina

Fuente Castaño
Tel.: (95) 588 17 14
41450 Constantina, Sevilla
Habitaciones: 5 dobles

Precios: casa completa día 17.000-20.000 Pta.
Propietario: Isidoro Rodríguez

El cortijo está situado a 5 kilómetros de Constantina, centro de una corona de pueblos serranos, en el parque natural de Sierra Norte. Es una región de media montaña con una geografía de formas suavemente redondeadas, interrumpidas por cursos fluviales.

El edificio, que data de 1800, albergaba unas antiguas bodegas. En 1910 la bisabuela del propietario actual remozó el cortijo debido a que regaló uno a cada hija como dote. Desde esa época no se ha cambiado nada, solamente en los años 70 se hizo el cuarto de baño. Hay dos casas juntas, la dedicada al turismo rural y otro edificio anexo de uso para cuadras. La vivienda ofrece cinco habitaciones dobles, un baño, cocina, comedor, despensa, salón con chimenea y dos tipos de electricidad. Dispone además de terraza con acacias, jardín y piscina. Los propietarios acompañan a los clientes hasta la casa.

Se puede practicar el senderismo y visitar Constantina, con sus calles de la ladera del castillo del barrio de la Morería y las casas y edificios en las calles centrales. Magníficas vistas panorámicas se contemplan desde el Cerro Negrillo. La información se solicita en el Centro de Recepción e Interpretación de la Naturaleza de Constantina.

Guadalcanal

La Florida	**Habitaciones:** 7 dobles
Tel.: (95) 488 60 98	**Precios:** casa completa
488 60 24	10.000 Pta.
41390 Guadalcanal, Sevilla	**Propietaria:** Lucrecia Fontán

Guadalcanal es una población de origen íbero, situada en un pequeño valle regado por el río Sotillo, con restos del castillo y murallas medievales. Esta localidad está emplazada en el parque natural de Sierra Norte.

El edificio, del siglo XVIII, es de construcción sólida con muros de hasta metro y medio de ancho y techos abovedados. Tiene habilitadas dos unidades independientes con salón con chimenea, amplia cocina comedor, baño y tres y cuatro dormitorios respectivamente. Cuenta con terraza y porche, piscina y jardines con zonas verdes, molino de aceite y dependencias ganaderas además de estar situada en una finca característica del parque natural. Predomina el olivar, aunque también hay dehesas y praderas donde se pueden observar vacas y ovejas pastando, así como la flora y fauna característica del parque natural.

Dentro de las actividades que se pueden realizar destacan las rutas a caballo en la finca o, si son más largas, con monitor especializado, el senderismo, la observación de las labores propias de la finca y la búsqueda de setas y espárragos en temporada.

Vimbodi

Riudabella
Tel.: (977) 87 80 40
43440 Riudabella, Vimbodi, Tarragona
Habitaciones: 3 dobles

Precios: casa completa fin de semana 30.000-40.000 Pta., mes 100.000 Pta.
Propietario: Pedro Gil

Situada en el entorno del monasterio cisterciense de Poblet y al pie de la sierra de Prades esta impresionante masía-castillo se encuentra aislada. Ya en el siglo XV servía como bodega donde guardaban los monjes de Poblet el vino, el grano y el azafrán. Posee, además, los importantes yacimientos prehistóricos y romanos existentes en Riudabella que han envuelto desde el neolítico a los habitantes de la zona.

Una de las dependencias del castillo, rehabilitada con todo detalle y donde la piedra, madera y barro son el mejor complemento de un mobiliario antiguo, da cobijo a los visitantes y pone a su disposición tres habitaciones dobles y un amplio salón con chimenea y cocina comedor. El castillo se adorna con numerosas piezas de labranza y objetos antiguos que hablan de la antigua dedicación de sus propietarios a la explotación de viñas y bosques; actividad que aún hoy se mantiene.

Los numerosos caminos y sendas que rodean la propiedad permiten recorrerlos a pie o en bicicleta de montaña. La posibilidad de consumir productos del huerto o disfrutar de la piscina y jardín complementan la estancia.

Arafo

Casa de Cartas
Tel.: (922) 27 50 02
38008 Arafo, Tenerife
Habitaciones: 2 dobles y 1 triple

Precios: casa completa día 14.000 Pta.
Propietaria: Guadalupe Domínguez Sierra

La vivienda está situada en la carretera que va desde Arafo hasta La Cumbre, en pleno campo, a 500 metros de la desviación a Monte de los Frailes. La Casa de Cartas se ubica en una finca de viñedos y árboles frutales, en la ladera de un valle, con montañas a la espalda de dicha ladera. Constituye un edificio antiguo. En tiempos era una casa de campo con un coto de caza donde pasaban largas temporadas sus antiguos propietarios, la familia de Cartas. Los techos son de teja y permanece construida con piedra y barro. La decoración es sencilla y ofrece dos habitaciones dobles, una triple, saloncito, cocina, comedor y dos baños. También dispone de una bodega anexa a la casa.

Arafo, a 5 kilómetros de la casa, configura un pueblecito muy cuidado, conocido por sus bandas de música y sus coros. Se pueden emprender excursiones por toda la isla y disfrutar de sus playas, paisajes y abundantes atractivos turísticos.

Tacoronte

Los Viñedos
Tel.: (922) 38 01 03/57 03 70
Camino de La Caridad, s/n
38205 Tacoronte, Tenerife
Habitaciones: 5 dobles

Precios: habitación doble 15.000 Pta., casa completa día 60.000 Pta.
Propietaria: Mª Rosa Álvarez Beyro

En las afueras de Tacoronte se enclava Los Viñedos, en el barrio de La Caridad, con casas de arquitectura típica canaria, dedicado fundamentalmente a la agricultura.

La vivienda, que data de principios de siglo, se compone de dos plantas con techo de teja y una decoración y mobiliario rústico canario con aperos de labranza, jarrones y objetos de artesanía. Las cinco habitaciones dobles cuentan con baño propio y en el precio está incluido el servicio de limpieza. Además de la cocina y el salón-comedor, dispone de varias terrazas, barbacoa, jardín que comunica la casa con la bodega, granja y una huerta de la que se encarga el medianero —responsable de la finca—. Su mujer hace los desayunos y las comidas a petición de los clientes.

Son propietarios de dos caballos, los cuales ponen a disposición de los clientes para dar paseos por los senderos que existen entre los pequeños cráteres de los alrededores. Lo más atractivo de la zona lo constituye la belleza de los atardeceres. Además, se puede disfrutar de la visita a las bodegas rehabilitadas y conocer, de forma pormenorizada, la elaboración artesanal del vino, así como su degustación.

Cantavieja

Casa Sara
Tel.: (964) 18 50 31/44 33 49
44140 Cantavieja, Teruel
Habitaciones: 3 dobles y 3 triples

Precios: persona día 1.500 Pta.
Propietaria: Raquel Mallén Altabas

El Maestrazgo turolense es un conjunto de sierras que se extienden hasta el Mediterráneo, muy erosionadas por los ríos que descienden de sus cumbres. Cantavieja está rodeado de fortificaciones en lo alto de un escarpado peñón, con un casco antiguo de interés, lleno de muestras de su pasado señorial.

La casa se sitúa en el núcleo urbano de la población, en un edificio típico de tres plantas y ático, con balcones en la fachada. Las plantas superiores se han rehabilitado fieles a su estructura original. Dispone de cinco habitaciones amplias, muebles antiguos, camas con cabezales de forja y colchas y cortinas de artesanía textil, con cuatro baños completos. En el ático se halla un salón con chimenea decorado con objetos tradicionales.

El Maestrazgo ofrece buenas condiciones para recorrerlo a pie por sus senderos de gran recorrido, señalizados y con topoguía. Cuenta con una interesante variedad de lugares dignos de ser visitados, como las pinturas rupestres de sus barrancos, el parque cultural de Molinos con sus Grutas de Cristal, los itinerarios geológicos y paleontológicos y los pueblos monumentales como Mirambel.

Achondo/Atxondo

Imitte-Etxebar
Tel.: (94) 623 16 59
48609 Achondo, Bizkaia
Habitaciones: 4 dobles

Precios: habitación doble 4.500 Pta., desayuno 400 Pta.
Propietario: Yosu Uriarte

Caserío situado en Axpemarzana, saliendo de Apata hacia Axpe, frente a una parada de autobús. Se toma un camino y, a 300 metros a la izquierda, se encuentra el caserío, al lado de la ermita de Santa Lucía. Una parte del edificio, la dedicada a alojamiento, ha sido restaurada al habilitar cuatro habitaciones dobles con baño y sala de estar con calefacción.

El caserío se encuentra en plena sierra del Duranguesado, al lado del parque natural de Urkiola, que tiene una extensión de 5.768 hectáreas.

Sobre el caserío se levantan las cumbres de Amboto —1.330 metros— y Arangio —1.129 metros—, para montañeros experimentados.

El Centro de Interpretación del Parque se sitúa en el alto de Urkiola, en el caserío de Toki-Alai, junto al santuario de San Antonio. En la zona se puede practicar la escalada y la espeleología en sus casi 400 cuevas.

El pueblo de Elorrio ofrece un importante patrimonio arquitectónico, digno de ser contemplado con atención.

Carranza/Karrantza

Manzaneda
Tel.: (94) 680 63 17
48891 Carranza, Bizkaia
Habitaciones: 4 dobles con baño

Precios: habitación doble 4.300-4.800 Pta., desayuno 400 Pta., cena 1.300 Pta.
Propietario: Pedro Antonio Santisteban.

La comarca de Las Encartaciones es una de las menos conocidas del País Vasco, y, a éste, se incorporó en el siglo XIV. El valle de Karrantza posee un interesante medio natural y un importante patrimonio. Cerca de Ambas Aguas, siguiendo la carretera de Lanzas Agudas, se toma a la derecha un cruce al lado de una magnífica encina; una vez atravesado el río, en la parte alta del barrio de Manzaneda de la Sierra se encuentra la casa. Además de jardín, contiene una explotación de ganado vacuno en los bajos de la vivienda, que fue un palacio del siglo XVIII. En él nació don Martín de las Heras y Bárcenas, ministro de la Gobernación a mediados del siglo XIX.

El valle de Karrantza está plagado de cuevas de gran interés, como la de Pozalagua y la Torca del Carlista. Su territorio está atravesado por senderos de gran recorrido, como el GR-123 y el GR-12.

Cerca del caserío se encuentran los baños de aguas termales de Molinar. En breve plazo la zona contará con un espacio natural protegido. Hoy existe el parque ecológico del Carpín, en Biáñez.

Cortezubi/Kortezubi

Bizketxe
Tel.: (94) 625 49 06
y (94) 625 55 73
48315 Cortezubi, Bizkaia
Habitaciones: 2 dobles con baño y 4 dobles con dos baños.
Precio: habitación con baño 4.500 Pta., con baño compartido 4.000 Pta., desayuno 350 Pta., derecho a cocina 400 Pta.
Propietario: Javier Legarza

Caserío situado en el valle de Oma, al lado del que ocupan sus propietarios, dedicados a la explotación del ganado vacuno de leche. La actividad de agroturismo la dirigen Ovatz y Aitziber, que comparten sus tareas con la universidad. El caserío ha recibido una adecuada rehabilitación ya que han sabido respetar el estilo tradicional. Dispone de salón-comedor y cocina en la planta baja; utilizan la planta superior como dormitorios. También dispone de calefacción.

El valle de Oma ha sido conocido por sus ferrerías y molinos, de los que quedan restos cercanos al caserío al lado de la cascada de Boconzulo. Las cuevas de Santimamiñe, situadas a la entrada del valle, estuvieron habitadas hace 15.000 años —guarda pinturas de la época magdaleniense— . Al fondo del valle se encuentran las grutas de Nabarniz. El bosque animado, pintado por Ibarrola, es otro de los atractivos cercanos al caserío; un sendero a su lado lo recorre y facilita su observación.

Gauteguiz de Arteaga/Gautegi Arteaga

Ozollo
Tel.: (94) 625 44 57
48314 Gauteguiz de Arteaga, Bizkaia
Habitaciones: 4 dobles, dos con baño incorporado y otras dos con los baños en el exterior.
Precios: habitación con baño 4.500 Pta., sin baño incorporado 4.000 Pta., desayuno 300 Pta., derecho a cocina 400 Pta.
Propietaria: Belén Ozamiz

Este caserío, del año 1694 como reza un dintel de madera, tiene una fachada de gran belleza con entramados de madera y ladrillo. Dispone de sala de estar, cocina y calefacción. Su emplazamiento, en el Centro de la Reserva de la Biosfera de Urdaibai, le confiere un especial encanto. Caserío de dedicación ganadera, tiene una superficie de pasto de 40 hectáreas y una explotación de 40 vacas. Desde su jardín se observa la Torre de Arteaga, reconstruida en el siglo XIX por la emperatriz María Eugenia.

La reserva de Urdaibai tiene como eje el río Oka, que se convierte en la ría de Guernica y Mundaka. En sus 22.000 hectáreas se encuentran gran variedad de aves migratorias, por lo que es un lugar muy adecuado para su observación.

Desde la ermita de San Miguel, a la que se accede por las proximidades del caserío, se contempla una impresionante vista de la ría y su desembocadura en Mundaka.

Gauteguiz de Arteaga/Gautegi Arteaga

Txopebenta
Tel.: (94) 625 49 23
Barrio de Basetxeta
48314 Gauteguiz de Arteaga, Bizkaia
Habitaciones: 5 dobles, 1 triple y 1 individual con baño
Precios: habitación doble 4.700-5.500 Pta, desayuno 400 Pta.
Propietario: Juan A. Bizkarra

El edificio se levanta donde antaño existió una venta al lado de la carretera que lleva de Guernica a la costa este. La casa ha sido rehabilitada enteramente por sus propietarios y su estructura portante se basa en traviesas de ferrocarril.

Es una construcción totalmente personal y llena de encanto. Las habitaciones, con detalles pictóricos, son muy acogedoras. La sala de estar tiene un ambiente cálido apoyado por el fuego del hogar. Una amplia terraza ofrece una buena vista sobre el valle.

Arantxa cuida y decora su casa con cariño y son conocidos sus desayunos de bizcocho, con mermeladas caseras y los pinchos de queso tostados en la chimenea.

La playa se encuentra a 4 kilómetros, ofreciendo al visitante un bello recorrido hasta el cabo Ogoño. El pueblo pescador de Elantxobe se halla a un paso y la excursión a San Pedro de Atxerre es recomendada. En el barrio de Basetxeta, donde se encuentra la casa, el pintor Ibarrola aprovechó unas piedras para hacer una obra de arte. La reserva de Urdaibai está a un par de kilómetros de este acogedor alojamiento.

Munitibar

Garro Baserria **Tel.:** (94) 616 41 36 48381 Munitibar, Bizkaia **Habitaciones:** 6 dobles **Precios:** habitación doble	4.500-5.000 Pta., desayuno 500 Pta., derecho a cocina 500 Pta. **Propietaria:** María Victoria Etxebarria

Caserío situado a 400 metros de Munitibar, junto al río Lea. Este edificio fundado en el siglo XI fue ferrería y, en la actualidad, ha sufrido una bella restauración. Destaca el entorno cercano a la ermita de San Miguel y, en su interior, la decoración y sus escogidos muebles. Esta casa dispone de habitaciones con baño, salón comedor con chimenea, cocina y jardín. Desde su terraza se contempla el valle del Lea, río truchero.

El interesante edificio y su mobiliario se completan con la dedicación culinaria de Mª Victoria, la cual elabora pan y repostería para los desayunos que ofrece; merece la pena degustar sus mermeladas, preparadas con los frutales de la casa.

A 15 kilómetros del caserío se encuentran las playas. Además son muy interesantes los paseos hasta los montes cercanos, como Aoiz y Bizkargi. El pueblo vecino dispone de servicios y restaurantes; la histórica y representativa localidad de Guernica se halla a 14 kilómetros de distancia.

Limianos de Sanabria

Casa Jeijo
Tel.: (980) 56 79 79
49395 Limianos de Sanabria, Zamora
Habitaciones: 2 dobles

Precios: fin de semana 25.000 Pta.
Propietaria: Raquel Calvo Linacero

Las montañas de Sanabria, al noroeste de la provincia de Zamora, constituyen el límite entre el clima atlántico y el mediterráneo. El roble es el árbol dominante en la zona, sustituido en las vaguadas frías y húmedas por abedules salpicados de serbales y acebos.

Esta casa tradicional, ubicada en la parte alta del pueblo, ha sido restaurada pero conserva la estructura original de dos plantas en piedra de granito. Dispone de dos habitaciones dobles —una de ellas con cama de matrimonio—, cuarto de baño, cocina-comedor, salón con chimenea, calefacción y mobiliario antiguo. El balcón de la casa proporciona al huésped excelentes vistas del valle de Sotillo. Cuenta con un jardín en el antiguo patio.

El entorno del lago de Sanabria, donde se encuentra el pueblo, ofrece un buen número de actividades para conocer el territorio: excursiones al sistema de lagunas glaciares, descubrir las masas de musgos de las turberas, que pueden alcanzar varios metros de espesor, recorrer la antigua ruta trashumante del Cordel de Sanabria o visitar Puebla de Sanabria, la capital de la comarca.

Rozas de Sanabria

Casa el Carzal
Tel.: (980) 56 79 79
Barrio el Carzal s/n
49357 Rozas de Sanabria,
Zamora

Habitaciones: 3 dobles
Precios: habitación doble 7.000 Pta.
Propietaria: Adoración Calvo Lacinero

En el extremo noroccidental de la provincia de Zamora se encuentra el parque natural del lago de Sanabria, caracterizado por ser el único lago glaciar de la península ibérica, de aguas puras y una rica flora y fauna. El entorno está rodeado de bloques graníticos y de bosques de robles —en la zona llamado *carballo*—, que ha constituido una parte importante de la economía familiar al proveer a sus habitantes de materiales para sus casas y leña para sus hogares. La casa se encuentra dentro de los límites del parque natural, con vistas panorámicas, y en las afueras del pueblo. Distribuida en dos plantas, ha sido restaurada con los materiales nobles de la comarca sanabresa, como la piedra del país, la pizarra, el roble y el castaño. La parte superior está dedicada a los huéspedes y dispone de tres habitaciones dobles, con cuartos de baño completos, una sala con un amplio mirador y entrada independiente. La planta baja es la vivienda de los propietarios, los cuales comparten con sus clientes un salón comedor con chimenea. El huerto familiar aporta alimentos para los menús tradicionales.

El antiguo monasterio cisterciense del siglo XII, en el pueblo de San Martín de Castaneda, acoge un Centro de Interpretación de la Naturaleza.

Índice de localidades

TÍTULOS PUBLICADOS Y DE PRÓXIMA APARICIÓN

Alojamiento en Monasterios

Alojamiento en Casas Rurales

Balnearios con Encanto

De Pinchos por San Sebastián

De Tapas por Bilbao

De Tapas por Cádiz y el Marco de Jerez

De Tapas por Madrid

De Tapas por Málaga, Marbella y Torremolinos

De Tapas por Sevilla

De Tapas por Valencia

De Tapas por Zaragoza

El Buen Hacer de los Conventos

Grandes Hoteles con encanto

Paradores de Turismo

Parajes con Encanto

Pequeños Hoteles con Encanto, edición anual

Pueblos con encanto de Andalucía

Pueblos con encanto de España

Pueblos con encanto de Galicia

Pueblos con encanto de Madrid

Vinos de España:

Andalucía y Canarias • Aragón, Navarra y los Chacolís

Castilla y León • Cataluña • Cava • Galicia • Jerez

La Rioja • Levante y Baleares • Licores • Tajo y Guadiana